관계를 만드는 동그라미

-회복과 평화의 길, 서클

지은이	서클컴퍼니 가치울림
	김수정, 박세아, 성희주, 이동영, 전현정, 최세정, 최인선
초판발행	2026년 2월 13일
펴낸이	배용하
책임편집	윤찬란
등록	제2021-000004호
펴낸곳	도서출판 비공
	https://bigong.org | 페이스북: 평화책마을비공
등록한곳	충남 논산시 매죽헌로 1176번길 8-54
대표전화	전화: 041-742-1424 전송 : 0303-0959-1424
분류	사회문제 | 평화교육 | 생활지도
ISBN	979-11-93272-56-5 (03300)

 값 25,000원

관계를 만드는 동그라미

회복과 평화의 길, 서클

서클컴퍼니 가치울림

'회복적 정의'를 처음 듣게 된 날 나는 새 문명에 충격받은 인류 같은 느낌이었다. 지금까지의 내 생각과 행동이 당연함이 아님을 알게 된 순간, 이 새로운 철학을 더 알고 싶어졌다. 심지어 가슴이 설레기까지 했다. 공부하고 싶다는 간절한 생각이 일어났고, 함께 공부할 동지들이 필요했다. 너무 방대한 이 공부를 함께 할 공동체가 필요했다. 그래서 모이기 시작했다.

나와 같은 설렘과 충격으로, 자신이 가진 기대와 희망으로, 그리고 우리들의 반성과 회복을 찾아 회복적 정의를 알고 싶어 하는 10명이 모여 함께 공부를 시작했다. 이 공부로 무엇을 이루겠다는 생각은 없었다. 다만 삶의 시선이 바뀌는 나 자신을 만들고 싶었고 그 시선으로 내 아이들이 살아갈 세상을 바라보고 싶었던 단순한 마음이었다. 그렇게 쌓은 시간이 지금의 우리 단체를 만들었다.

2017년 회복적 정의를 공부하고자 모였던 우리에게 회복적 정의가 삶의 바탕이 되는 것은 이상이고 꿈같은 것이었다. 처음 학교에 수업을 나가던 2018년에는 교사들조차 회복적 정의와 서클을 낯설어했기 때문이다. 그러나 이제는 학교공동체 안에서 익숙한 철학이 되었고, 회복적 정의를 바탕으로 학교공동체의 안전과 평화를 만들기 위해 노력하고 있다. 이러한 변화는 우리가 꿈꾸던 일이 이상과 희망에 그치는 것이 아니라 삶의 태도와 방식을 만드는 철학이라는 것을 보여주고 있다고 생각한다.

　공동체 안에서 회복적 정의 철학을 가장 잘 나타나게 하는 것은 '서클'이다. 서클은 공동체의 중요성과 힘을 믿게 하고, 개인과 공동체를 연결하고, 스스로 문제를 해결해 나갈 지혜를 찾는 공간이다. 서클은 회복적 정의 철학을 삶의 방식으로 꽃피우는 공간이다. 서클이 회복적 정의의 철학을 바탕으로 이루어지지 않으면 단순한 대화에 불과하다. 회복적 정의의 철학을 담지 않은 서클은 안전함을 지켜주지 못한다. 진실한 이야기는 안전한 공간에서 나누어진다. 그래서 우리는 서클에서 회복적 정의 철학을 깊이 있게 녹여내어 공동체의 안전한 이야기를 만드는 일에 진심을 다한다.

　우리는 서클의 힘을 믿는다. 지금까지 진행했던 서클은 우리에게 강렬한 경험이었기 때문이다. 우리가 만난 수많은 공동체에는 각자의 아름다움과 어려움 그리고 이야기가 있었다. 그 이야기를 안전하게 나눌 시간과 공간이 필요했고, 안전한 대화를 나누면서 스스로 공동체를 돌보기를 원했다. 아이들부터 어른까지 자신의 공동체 안에서 스스로 힘과 지혜로 이야기를 만들고, 깨달음도 스스로 찾아가는 과정은 놀라움과 배움이 넘치는 시간이었다.

우리는 서클에서 안전한 공간을 만들고 좋은 질문으로 그 에너지를 흐르게 만드는 사람들이다. 우리는 공동체의 대화를 '서클'에서 만들어 갈 수 있도록 안내하며, 서클을 지키는 사람들로 질문을 던진다. 좋은 질문은 그 자체만으로도 힘을 가지고 있으며 사람들 각자의 이야기와 만나면 큰 삶의 지혜로 나타난다. 그 일이 얼마나 필요하고 가치 있는 일인지 경험한 사람들이다. 그래서 서클을 사랑하고 서클의 힘을 나누고 싶었다. 이 마음이 이 책을 만든 이유이기도 하다.

이 책은 서클의 힘을 믿고 진행했던 각 공동체를 향해 던진 질문을 모은 책이다. 각각의 공동체가 만들어 낸 아름다운 이야기를 담을 수는 없지만, 좋은 질문이 가지는 힘과 서클의 힘 그리고 서클을 믿고 경험하기를 원하는 모든 사람에게 도움이 되었으면 한다. 또한 서클로 안전하게 자신과 공동체를 돌보기 원하는 많은 이들의 회복과 평화에 도움이 되기를 기대해 본다.

마지막으로 우리에게 "왜 회복적 정의와 서클이냐"고 묻는다면 회복적 정의의 아버지라 부르는 하워드 제어Howard Zehr의 말을 빌려 답하고 싶다.

"우리가 이 여정을 놀라움의 태도로 존중과 겸손의 마음으로 출발한다면, 우리의 아이들과 손자, 손녀들에게 물려주고 싶은 세상이 곧 올 것이라고 믿는다."『회복적 정의란 무엇인가?』p280

서클컴퍼니 가치울림 대표 최인선

1부. 서클, 학교를 만나다

차례

서클의 가치 실천 서클

2부. 서클, 공동체를 만나다

공동체 돌봄 서클

3부. 서클, 사람을 만나다

이 책은 '서클컴퍼니 가치울림'이 다양한 공동체 안에서 진행한 서클들을 담은 서클 모음집입니다. 학교를 비롯한 여러 교육 현장과 지역사회에서 학생, 교사, 학부모 등 다양한 사람들을 만나 서클을 운영하며 공동체를 세우고, 관계를 회복해 나간 서클의 과정을 담았습니다.

서클을 직접 기획하고 진행하려는 분들에게 서클의 흐름과 분위기를 이해하고, 실천에 옮길 수 있는 길잡이가 되도록 구성하였습니다. 서클의 기본 구조는 서클로의 초대, 서클 열기, 서클 진행, 서클 닫기이며, 서클의 구조를 뒷받침하기 위한 서클의 구성요소는 서클 진행자, 서클의 규칙, 토킹피스, 센터피스, 질문입니다. 현장에서 서클을 시작하고자 할 때, 이 모음집이 따뜻한 영감과 실용적인 지침이 되어줄 수 있기를 기대합니다.

이 책을 활용하여 서클을 진행할 때 꼭 알아야 할 것들을 다음과 같이 정리하였습니다.

【서클】 서클은 동그랗게 둘러앉아 이야기를 나누는 구조화된 대화방식으로 오래된 공동체의 의사소통 방법입니다. 서클로 동그랗게 앉으면 모두가 평등한 위치에서 서로 얼굴을 보며 이야기를 나눌 수 있습니다. 이는 모든 사람은 평등하며 서클 안에서는 모두의 의견이 존중받는다는 것을 의미합니다. 서클에서 서로를 상호 존중하며 말하고 듣는 경험은 타인과 좀 더 깊은 유대감을 느끼게 하고 자아 성찰이 촉진되며 공동의 지혜를 찾아가는 시간이 됩니다.

【서클 진행자】 서클 진행자는 서로를 존중하는 안전한 공간을 마련하고, 참여자들이 서클과 공동의 과제에 대한 책임감을 나눠 갖도록 이끕니다. 서클 진행자는 서클에서 동등한 일원으로 참여하며 해법을 제시하거나 참여자들을 통제하지 않습니다. 서클 진행자에게는 이러한 서클의 역동을 잘 이해하고 이끌 수 있도록 훈련이 꼭 필요합니다.

【서클의 규칙】 서클은 토론이나 토의, 마음 나누기 활동이나 편안한 대화와는 구별된 구조적 대화로 서클에는 몇 가지 규칙이 있습니다.
첫째, 토킹피스를 가진 사람만 이야기합니다. 토킹피스는 발화자를 알려주며, 발화자의 말할 권리를 지켜주어 참여자들의 존중과 경청을 만드는 도구입니다.

둘째, 모두는 눈과 귀와 몸으로 경청합니다. 우리는 발화자의 이야기가 세상에서 가장 소중한 이야기인 것처럼 존중하며 경청합니다. 서클 안에서는 자신의 이야기를 하며, 타인을 비난하거나 평가하지 않습니다.

셋째, 함께 나눈 소중한 이야기는 비밀로 지켜줍니다. 서클은 신뢰가 있는 약속된 대화의 장입니다. 서클에서 나눈 얘기는 그날 서클에 모인 사람들만이 간직한 비밀한 이야기입니다. 이 약속이 지켜질 때 서클의 참여자들은 더 진실한 대화의 장으로 나아갈 수 있습니다.

넷째, 서클의 처음과 끝을 함께 합니다. 서클은 구성원 모두가 만들어가는 자리입니다. 서클을 여는 순간부터 마무리하는 순간까지 모두가 자리를 지키며 경청합니다. 이것은 서클에 대한 존중과 참여자와 진행자 모두에 대한 존중의 태도입니다. 특히 서클의 마지막을 잘 마무리하는 것이 매우 중요한 만큼 닫는 질문이 마무리되고 서클을 닫는 순간까지 함께 합니다.

【토킹피스】 토킹피스는 서클의 주제에 맞는 의미를 담고 있는 것으로

발화자의 말할 권리를 지켜주며 참여자들의 존중과 경청을 만드는 도구입니다. 토킹피스는 서클의 주제에 맞는 의미 있는 물건을 사용하는데, 특히 말랑말랑하고 폭신한 촉감을 주는 것은 발화자의 긴장을 풀어주어 토킹피스로 사용하기 좋습니다.

【센터피스】 센터피스는 서클의 주제에 따른 상징적인 소품으로 서클 중심에 장식하여 참여자들의 마음을 모아주고 환대하며 따뜻한 분위기를 만드는 서클 중앙에 놓는 상징물입니다. 서클컴퍼니 가치울림에서는 센터피스를 매우 중요하게 생각합니다. 센터피스는 서클의 첫인상이며 그날 서클의 주제를 담아 참여자들의 마음을 한껏 열리게 하고, 서클이 잘 흘러가게 하는 데에 큰 도움을 줍니다.

【서클 열기】 서클 열기는 서클의 시작으로 여는 의식 또는 여는 활동을 통해 참여자를 구별된 대화 공간으로 초대하여, 서로 연결되어 있음을 깨닫고 자신과 서클에 온전히 집중하게 합니다. 이는 서클을 단순한 대화 모임이 아닌 신뢰와 존중의 공동체 대화 공간으로 만드는 데 중요한 역할을 합니다.

【서클 닫기】 서클 닫기는 구별된 대화 공간에서 나와 일상으로 돌아갈 수 있도록 돕는 마무리 과정입니다. 닫는 의식 또는 닫는 활동을 통해 함께한 시간을 정리하고, 감사의 마음을 나누며, 연결을 확인하고 희망의 기운을 서로에게 전달합니다. 서클에서 나눈 이야기를 안전하게 감싸며 따뜻하게 마무리합니다.

【질문】 서클에서의 질문은 서클 전체의 맥락에서 벗어나지 않고 흐름을 잘 유지할 수 있는 질문이어야 합니다. 효과적인 질문은 참여자들이 자신의 경험으로부터 말하게 하고 어떤 일에 대한 사실보다 그 일에 대한 느낌과 자신이 받은 영향에 대해 집중할 수 있도록 도와줍니다. 좋은 질문은 안전한 대화로 이끌며 참여자들이 자신의 성찰과 회복, 지혜를 찾아갈 수 있게 합니다.

【소서클】 소서클은 서클 참여 인원이 많은 경우, 깊이 있는 대화를 위해 적은 인원으로 나누어 진행되는 서클입니다. 소서클 인원을 7~8명 내외로 구성하면 더욱 친밀하고 집중도 높은 대화를 나눌 수 있습니다.

【안전한 서클을 위한 부탁】서클은 구조화된 대화 모임입니다. 안전하고 의미 있는 서클을 만들기 위해서는 정해진 흐름과 구조를 따라 진행하는 것이 중요합니다. 서클을 진행할 때는 전체 구조를 임의로 바꾸지 않고, 순서에 맞추어 진행합니다. 특히 서클 진행이 처음인 경우에는 계획서를 따라 그대로 진행하는 것을 추천합니다. 그 과정을 통해 서클의 흐름과 의미를 더욱 깊이 이해할 수 있습니다.

이 책은 서클의 느낌을 최대한 전달하기 위해 일부 서클 계획서에 나눔 후 멘트를 추가하여 서클 진행자의 이해를 돕고자 노력하였습니다. 해당 서클 계획서를 참고하여 서클을 진행하면 자연스러운 서클 진행에 도움이 될 것입니다.

회복적 정의는 '대화'를 통해서 만들어가는 과정이기에, 무엇보다 회복적 정의의 가치를 잘 담아낼 수 있는 대화 구조가 중요합니다. 대화 구조는 '개인의 존엄성'과 '정의와 평화의 공동체' 가치를 실현해 낼 수 있어야 하는데, 그것이 바로 '서클'입니다.

서클은 개인과 타인을 환대하는 것에서부터 출발하여, 안전하고 신뢰가 가는 관계를 구축해 나가게 합니다. 2010년대 초부터 본격적으로 한국 교육에 서클이 소개되었고, 점차 교실 속 서클 활동이 확대되고 있습니다. 서로에 대해 잘 모르면, 관계가 서먹해질 뿐만 아니라 그 서먹함이 지속되면 구성원 간에 긴장이 발생하고 서로를 경계하게까지 합니다.

다행히 서로 알아가고 발견해 가는 서클의 기회로, 교실에 아름다운 씨앗들이 조용히 뿌려지고 있습니다. 덕분에 삭막했던 교실 속에 친밀감과 안전감이 싹트고 모두의 목소리가 동등하게 들리는 민주주의도 자라고 있습니다.

이런 의미에서 다양한 서클을 기획하고 실행한 경험을 토대로 책을 출판하게 된 서클컴퍼니 가치울림 저자들께 감사와 축하를 보냅니다. 이 책의 목차만 보아도 빨리 읽고 싶은 흥미와 호기심이 생깁니다. 다양한 서클 활동을 통해, 존엄성 존중과 평화로운 공동체를 형성하고자 하는 학교 현장 선생님과 일반 시민들에게 적극 추천합니다.

박숙영 | 『회복적 생활교육을 만나다』 저자, 평화비추는숲 공동대표

마을에서 함께 공동체 활동을 하다 보면 즐거움과 감사의 시간이 많습니다. 그러나 때로는 갈등과 오해로 상처받고 마음이 멀어지기도 합니다. 『관계를 만드는 동그라미』는 그럴 때마다 어떻게 풀어야 할지 막막한 우리에게 필요한 길을 보여주는 책입니다.

이 책에서 안내하는 '서클'은 단순한 대화의 형식이 아니라 "서로의 이야기를 안전하게 나누고 존중하며 다시 연결되는 자리"입니다. 작은 동그라미에 둘러앉아 질문을 던지고 답을 주고받는 동안, 멀어진 마음은 회복되고 공동체는 더욱 단단해집니다. 이 과정은 누군가의 말이 옳고 그름을 따지는 자리가 아니라, 서로의 다름을 이해하며 함께 살아갈 힘을 키우는 소중한 경험이 됩니다.

무엇보다 이 책은 공동체 현장에서 바로 활용할 수 있는 지혜와 실제적인 방법을 담고 있습니다. 제가 활동가들과 서클 활동을 통해 공동체에 대해 다시 생각해보고 이해하는 시간이 되었듯이 많은 분이 이 책을 통해 회복과 평화의 힘을 경험하시면 좋겠습니다.

『관계를 만드는 동그라미』는 공동체 안에서 따뜻한 관계를 만들고자 하는 모든 분께 꼭 필요한 지침서입니다. 이 책이 더 많은 공동체에서 희망의 씨앗이 되어, 서로를 존중하고 지지하는 건강한 공동체를 세우는 일에 널리 쓰이기를 진심으로 기대합니다.

봉경화 | 경기도 마을공동체지원센터 플랫폼사업팀

"도대체 왜 둥글게 앉으라는 걸까?"

고등학교 아이들의 불만 섞인 목소리가 들려옵니다. 그러나 서클로 문을 여는 입학 첫날은 앞으로 삼 년간의 고등학교 생활에 어떤 활동보다 큰 의미를 부여해 주었고, 달갑지 않았던 시작 뒤에 찾아온 안도감은 곧 회복적 정의의 서클이 지닌 힘을 증명해 주었습니다. 둥글게 둘러앉아 서로의 눈을 바라보고 이야기에 귀 기울이는 단순함 속에서 마음이 어루만져지고, 상대를 이해하며 동시에 자신도 치유되었던 경험은 공동체 안에서 함께 성장하고 서로를 지지하는 힘으로 이어졌습니다.

회복적 정의의 서클은 그 자체로 특별합니다. 이 책은 바로 그 서클의 힘을 생생하게 전해줍니다. 단순히 프로그램을 안내하는 안내서의 차원을 넘어, 한 장 한 장 책장을 넘길 때마다 마치 내가 직접 서클에 함께 앉아있는 듯한 몰입과 공감을 선사합니다. 학생과 교사, 부모와 자녀, 직장과 마을을 아우르는 다양한 공동체 속에서 나눈 질문과 대화는 곧 우리의 이야기이기도 합니다. 『관계를 만드는 동그라미』는 따뜻한 대화를 갈망하는 모든 이들에게, 특히 관계 속에서 힘들어하는 청소년들에게 등불과 같은 길잡이가 되어 주리라 확신합니다.

김미숙 | 삽교 고등학교 전문상담교사

이론적 배경*

1) 회복적 정의의 역사

'Restorative justice', 회복적 정의라고 불리는 이 용어는 미국의 심리학자인 알버트 애그래쉬Albert Eglash가 1950년대 후반, 처음으로 '회복적 정의'라는 용어를 사용하면서 시작되었다. 회복적 정의는 근대 이전 원주민 사회가 공동체 안에서 갈등이 생겼을 때, 마을 공동체가 모여 비공식적 절차를 통해 해결하는 전통에서 기인하였다. 이러한 방식은 1970년대 들어와서 북미와 유럽 등에서부터 발전되어 왔지만 단일의 개념 정의는 아직 없는 상태이다. 이 용어가 일반적인 용어로 사용된 것은 하워드 제어Howard Zehr의 '피해자-가해자-화해/조정'에 사용되면서이다.

알버트 애그래쉬는 사법제도에서 피해자의 구조적 소외와 가해자들의 변화를 위해서 피해자와 공동체의 직접적 개입이 필요하다는 점을 1950년대부터 주장하였다. 이러한 주장은 이후 회복적 정의 운동으로 발전하는 중요한 초석이 되었다. 미국의 대표적인 자유주의 헌법학자인 랜드 바넷Randy Barnett은 1980년 「배상의 정의」라는 글에서 정의 패러다임 변화의 핵심은 국가형벌권의 강화에서 점차 범죄 당사자의 직접적 권한과 필요 중심으로 초점을 바꾸어야 한다고 주장하면서, 형벌 패러다임에 대하여 변화가 필요하다는 것을 지적하였다. 이는

---

*이 책의 공동저자인 전현정의 2022년 논문, 「회복적 정의 서클 프로그램이 청소년의 회복탄력성과 공동체의식에 미치는 영향−방과후아카데미 참여 청소년을 중심으로−」에서 발췌하였다.

회복적 정의가 프로그램이 아닌 패러다임의 변화를 추구하는 철학적 이해라는 것에 큰 영향을 미쳤다. 회복적 정의의 선구자이자 아버지라 불리는 하워드 제어는 회복적 정의의 개념을 실질적으로 세상에 알린 인물이다. 1985년 「응보적 정의, 회복적 정의」라는 논문에서 미국의 현행 사법제도를 응보적 정의 패러다임이 낳은 위기로 표현하면서 회복적 정의를 대안으로 제시하기 시작했다. 이후 여러 가지 자신의 경험과 이론을 정리하여 1990년에 『우리 시대의 회복적 정의』 *Changing Lenses*를 출판, 회복적 정의를 이야기하는 모든 이들에게 교과서적인 역할을 했다. 이후에는 '회복'이라는 용어 자체가 회복적 정의가 추구하고 있는 가치를 모두 담지 못한다고 하여 다양한 이름으로 불리기 시작했다. 개인의 필요보다는 시스템과 구조를 변화시키는 것에 초점을 둔 전환적 정의, 가정과 공동체에서 엄벌주의로 인한 관계 파괴에 초점을 맞추고 있는 관계적 정의, 공동체를 회복시키는 정의 등 다양한 이름으로 회복적 정의가 가지고 있는 가치와 원칙을 설명하려는 시도가 지금까지 이어지고 있다.

실질적인 회복적 정의의 시작은 1974년, 캐나다 온타리오주의 엘마이라에서 실험적으로 실시된 '피해자-가해자 화해프로그램'이라고 할 수 있다. 이 사건의 요지는 다음과 같다. 늦은 시각, 마을의 10대 청소년 2명이 술을 마시고 마을 주민 22명에게 2,000달러 상당의 손해를 입히는 사건이 생겼다. 청소년들은 새벽에 경찰들에 의해 체포되었고 법원으로 송치되었다. 당시 보호관찰 위원이었던 마크 얀츠Mark Yantzi와 데이브 워스Dave Worth는 두 청소년을 사법처리하는 것보다는 피해자와 직접 대면하고 합의를 보는 것이 치유적인 면에서 도움이 될 것이라는 의견서를 법원에 제출하였다. 이는 이례적으로 판사에 의해 받아들여졌고, 청소년들은 제3자인 중재자의 도움으로 피해를 본 22명의 마을 주민을 만나게 되었다. 여러 차례의 직접적인 만남과 대화를 통하여 당사자들 간의 합의에 이르게 되었다. 합의가 성립된 후 6개월 동안 봉사활동, 현금 배상 등으로 청소년들은 자발적으로 자신들의 책임을 지게 되었다. 마을 주민들은 청소년들이 자신의 잘못을 진심으로 사과하고 반성하며 배상하는 일련의 과정들을 거치면서 그들을 용서하고 더는 불안해하지 않게 되었다. 그리고 이런 회복의 과정을 거치면서 청소년들이 다시 마을로 돌아갔을 때, 공동체의 구성원으로 살아갈 수 있게 되었다.

2) 회복적 정의의 정의

하워드 제어는 회복적 정의를 '정의를 이루어 가는 일련의 모든 과정'이며 하나의 패러다임으로 이해해야 한다고 했다. 잘못^{범죄}이 발생되었을 때 이와 관련된 가능한 모든 사람 즉, 피해자, 가해자, 공동체가 모여 잘못을 바로잡고, 잘못으로 인한 피해를 회복하기 위하여 '피해'와 '필요'를 함께 확인하고, 이를 위한 '책임'과 '의무'를 함께 규명해가는 모든 과정이 회복적 정의를 의미한다고 정리하였다. 유엔 형사사법 핸드북에서는 회복적 정의보다는 회복적 절차라는 표현을 쓰고 있다. 이는 범죄로 인하여 영향을 받은 당사자와 연관된 사람들, 공동체가 전문가의 도움을 받아 범죄로 인하여 발생한 문제들의 해결책을 만들어가는 과정이라고 설명했다. 박숙영은 피해가 발생했을 때, 관련된 당사자와 공동체 구성원들이 참여하여 회복되었을 때 정의가 이루어진다는 신념을, 김미숙은 인간관계에서 단절된 상태에서 사건 당사자들 간의 상호작용을 통한 회복을 의미한다고 했다.

이재영은 응보적 정의와 회복적 정의가 관점의 차이는 있으나, '잘못을 바로잡고 정의를 이룬다'라는 궁극적 목표는 같다고 했다. 하지만, 응보적 정의의 관점은 잘못을 한 사람^{범인}은 누구이며, 어떤 규칙·법을 위반하였는지, 어떻게 처벌을 할 것인지가 주 관심사다. 이것에 대한 권한과 주체자는 국가 중심이다. 회복적 정의는 이와 다르게 누가 피해를 입었는지, 당사자에게 어떤 피해와 필요가 생겼는지, 피해를 회복하고 필요를 채우기 위해 누가 무엇을 해야 하는지^{책임}가 주 관심사다. 이것에 대한 권한과 주체자는 피해자와 가해자, 공동체이다. 이

〈표 1〉 응보적 정의와 회복적 정의의 관점 비교

응보적 정의	구분	회복적 정의
범죄는 법 위반행위	범죄	범죄는 관계 침해행위
유죄 확정 중심	목적	문제 해결 중심
과거에 초점	시제	미래에 초점
당사자의 필요는 이차적	필요	당사자의 필요가 일차적
개인주의와 경쟁적 게임 모델	모델	상호성과 대화를 통한 대화 모델
피해만큼의 고통 부과	균형	피해를 최대한 회복하는 것
잘못은 처벌을 통해 갚아짐	책임	잘못은 바로잡음으로 갚아짐
국가와 가해자	주체	피해자, 가해자, 공동체
국가가 정보 독점	정보	당사자에게 정보 제공
가해자에 대한 국가의 조치 중심	권한	가해자에게 해결에 관한 역할 부여
가해자는 방어적, 수동적	태도	피해자, 가해자, 공동체의 적극적 역할
가해자의 책임 회피 조장	책임	가해자의 자발적 책임 기회 부여
가해자의 공동체 결속 약화	공동체	가해자의 공동체 통합 강화
피해자·가해자 관계 비핵심	관계	피해자·가해자 관계 핵심
법률 전문가 주도	주도	당사자와 대화모임 전문가 주도
승패의 결과가 일반적	결과	상생적 결과 가능
누가 잘못을 한 사람인가?	주요 질문	누가 피해를 입었는가?
어떤 규칙·법을 위반하였는가?		어떤 피해와 필요가 생겼는가?
어떻게 처벌할 것인가?		피해를 회복하고 필요를 채우기 위해 누가 무엇을 해야 하는가?

출처: 『회복적 정의, 세상을 치유하다』, 이재영, 경기도: 피스빌딩, 2020, p81

처럼 정의를 이루는 과정에 당사자와 공동체의 참여를 보장함으로써 이루는 정의를 회복적 정의라고 부를 수 있다고 설명하며 〈표 2〉와 같이 응보적 정의와 비교 설명하였다.

회복적 정의를 좀 더 선명하게 설명하기 위하여 응보적 정의와 비교하지만 응보적 정의와 회복적 정의 패러다임을 이분법적으로 이해하기보다는 서로 다른 정의 패러다임이라는 시선으로 바라볼 필요가 있다. 회복적 정의에서는 피해자들이 언제든지 자신의 의사를 전달할 수 있고 감정과 만족도를 표현할 수 있다. 그리고 공동체는 피해자의 회복을 도우며 가해자가 자발적 책임을 지고 공동체로 돌아왔을 때, 정상적인 생활을 할 수 있도록 도움을 아끼지 않는다. 잘못에 대한 처벌을 이야기하는 것이 아니라 당사자 모두에게 진정한 사과와 화해가 이루어지도록 도와주며 관계를 회복시켜 이전의 일상으로 돌아가는 방식을 추구한다. 그리고 응보적 정의와 달리 공동체의 역할과 책임에 관하여 이야기한다. 공동체는 피해자의 회복뿐 아니라 가해자가 자발적으로 책임을 지도록 도와야 하며, 가해자와 피해자의 사회 재통합을 도와줄 가장 든든한 지원자임과 동시에 공동체도 피해 회복이 필요한 당사자임을 잊지 말아야 한다.

3) 회복적 정의 서클 프로그램

서클은 동그란 원형의 공간 안에서 이루어지는 협력적 대화 방법이다. 비판과 판단을 빼고 서로에게 경청하고, 함께 하는 모든 구성원이 동등한 자격으로 참여하고, 이바지하고, 도출된 결과에 대해서 함께 책임질 수 있게 하는 새로운 대화 문화이며, 공동체가 연결되기 위한 특별한 만남이다. 서클은 북아메리카

토착 원주민들이 둥그렇게 모여 앉아 공동체의 중요한 일에 관하여 이야기를 나누는 것에서 유래되었다. 이는 공동체의 집단 지성을 모으는 구조로 주목받게 되었다. 매우 구조적인 공간으로 집단 내부의 연결과 이해 그리고 대화를 촉진하기 위해 만들어진 의도된 공간이며, 조직의 가장 기본적인 기능인 상호협력의 방법들관계 만들기, 공유된 약속 정하기, 난관 극복하기 등을 고안해 내고자 할 때 매우 강력한 도구가 된다. 서클은 공동체의 이런 기본적인 기능들을 수행하면서 개인의 필요와 집단의 필요 사이에 건강한 균형을 잡아준다.

서클은 단지 의자를 둥글게 배열하는 것 이상의 많은 의미가 내포되어 있다. 서클에서는 모든 사람의 견해가 유의미한 것으로 존중되고 구성원 모두가 동등한 서클의 구성원으로 존재하며 타 대화들보다 자신의 느낌을 성찰하고 그 느낌에 대해 말할 기회가 많이 주어진다. 참여하는 구성원 모두가 대안과 집단 지성으로 난관을 헤쳐갈 수 있는 능력을 선천적으로 가지고 있다는 확신을 가지고 임한다. 말과 행동 모두를 통하여 책임을 배우는 공간이기도 하다. 모든 참여자는 서클이 온전하게 이루어지도록 자기통제를 배우게 되며 누구나 리더가 되고, 의사결정권을 가지고 있다.

이재영은 서클을 회복적 대화모임 중의 하나의 모델이라고 설명하며, 회복적 조정, 공동체 대화모임, 징계 절차와는 다른 점을 다음 〈표 3〉과 같이 설명했다.

서클의 목표는 관계를 바로 세우는 것이다. 이 관계는 서로를 존중하며, 정직하게 대하므로 서로에게 배움이 일어나고, 힘든 감정을 자연스럽게 드러내면서 서로의 신뢰가 형성되고, 함께 노력하면 어떤 힘든 일이라도 선한 방식으로 해결할 수 있다는 확신을 만든다. 이때, 관계가 바로 설 수 있다. 이러한 관계의 회복을 위해서는 서로의 입장을 공감할 수 있도록 안전한 상태에서 진심어린 대화를 나누는 것이 반드시 필요하다.

〈표 2〉 회복적 대화모임 비교

	서클	공동체 대화모임	회복적 조정	징계 절차
절차상 성격	자발적	자발적	자발적	강제적
피해자 참여	선택	필수	필수	불필요 또는 한정적
공동체 참여	필수	필수 가족 및 공동체	불필요 또는 한정적	불필요
주책임 범위	가해자와 공동체	가해자와 가족	가해자	가해자
진행 주체	진행자 또는 공동체 구성원	진행자	조정자	처벌권자
개최 시점	사건 전·중·후	사건 후	사건 후	사건 후
강조점·목적	공동체의 안녕과 화합	가족/공동체의 책임과 역할	당사자 피해 회복 및 관계개선	가해자 징계나 불이익

출처: 『회복적 정의, 세상을 치유하다』, 이재영, 경기도: 피스빌딩, 2020. p179

서클 안에서 인간을 바라보는 7가지 핵심신념에 대해서 다음과 같이 설명했다. 첫째, 모든 사람은 선하고 지혜로우며 건강한 자아를 가지고 있다. 둘째, 세상의 모든 인간은 서로 깊게 연결되어 있어 삶 안에서 누군가를 배제하는 것은 자신뿐 아니라 공동체에도 해를 끼치는 것이다. 셋째, 모든 인간은 타인과 좋은 관계를 맺고자 하는 열망이 있다. 넷째, 모든 인간은 재능을 가지고 있으며, 그 재능의 발현을 위해서는 모두의 도움이 필요하다. 다섯째, 긍정적인 변화를 이루는 데 필요한 모든 것들은 이미 있으며, 이것을 어떻게 활용할 것인지를 배워야 한다. 여섯째, 인간은 이성과 육체, 정신, 감정이 있는 통합적인 존재로 이것들은 모두 동등하며, 각자 다른 방법으로 배움과 치유와 지혜의 원천들을 제공한다. 일곱째, 우리가 가치에 따라 살고, 이를 통해 공동체 안에서 건강한 관계를 맺고 유지하기 위해서는 연습이 필요하며, 서클이 그 도움을 줄 수 있다.

　서클의 핵심적인 구성 요소로는 의식, 기본 규칙, 토킹피스, 진행, 합의를 통한 의사결정이 있고, 이는 어떠한 상황에서도 다른 이들과 잘 연결될 수 있는 안전한 공간을 창조하는 데 그 목적이 있다. 의식은 여는 의식과 닫는 의식으로 구분이 되는데 일상과 서클의 시간과 공간을 구분 짓는다. 여는 의식은 참여자들이 자신에게 집중하고, 긍정적인 마음가짐을 지니도록 격려하고 참여자 모두를 존중하도록 이끈다. 닫는 의식은 참여자들이 일상의 공간으로 복귀할 준비를 돕는 것으로 참여자들의 상호연결을 굳건히 해주며, 서클에서의 노력을 확인하고, 앞으로의 희망을 전한다.

　기본 규칙은 서클이 진행되는 동안 참여자들이 안전하다고 믿을 수 있도록 돕는다. 필요한 과정에 따라 진행될 것이라는 명확한 기대를 심어주는 데 그 목적이 있다. 이는 서로에게 어떻게 행동할 것인가에 대한 약속이기도 하다. 기본 규칙은 서클 구성원 또는 참여자에게 무엇을 원하는지 질문을 통해 만들어지기도 한다. 여기에는 존중하며 말하기와 듣기, 그리고 일정 형태의 비밀보장이 항상 포함되어야 한다. 이러한 기본 규칙은 서클의 모든 참여자에게 적용된다.

　토킹피스는 이것을 들고 있는 사람이 말할 기회를 얻고 다른 참여자들은 들을 기회를 얻는다는 것을 상징하며, 서클 참여자들이 내면의 진실을 말할 수 있는 공간을 만드는 핵심 요소이다. 토킹피스는 평등주의를 구현하는 강력한 도구이며, 대화에서의 일정 정도의 질서를 부여한다. 참여자들이 서로에게 사려 깊게 반응하도록 격려하고, 손에서 손으로 전해지는 토킹피스로 인해 서클 참여자들은 서로 연결된다.

　서클의 진행은 진행자인 '키퍼'에 의해서 진행된다. 진행자키퍼의 역할은 서로를 존중하는 안전한 공간을 만들고 참여자들이 참여하는 공간과 이야기를 나눈 공동의 과제에 대해 책임감을 나눠 갖도록 이끌어내는 것이다. 서클의 진행자는 다른 갈등 해결 모델과는 다르게 중립적이지 않다. 진행자이면서 서클 참여자이기 때문에 자기 생각, 의견, 이야기를 나눌 수 있다. 명령하고 통제하는 사람이 아니라 기본 규칙이 잘 지켜질 수 있도록 조율하는 사람이다.

모든 서클이 의사결정을 목적으로 하는 것은 아니지만 의사결정을 해야 한다면, 이는 합의를 통해 이루어진다. 합의를 통한 의사결정은 모든 참여자의 욕구와 이해를 깊이 인식하고, 이러한 모든 욕구를 만족시키는 방법을 찾는 것을 기본으로 삼는다. 합의 과정은 강요나 주장보다는 탐구의 자세를 요구하며 합의를 통한 의사결정은 그 과정이 모두에게 힘을 주기 때문에 다른 방법을 통한 의사결정보다 더 효과적이고 지속 가능한 동의를 만들어낸다.

서클은 참여자의 불안을 낮추고, 구성원 간의 상호작용을 통하여 적대감을 줄이고, 공동체를 형성하고, 상호 존중을 전하며, 구성원들이 공통의 가치와 목표로 통합될 수 있도록 한다. 대화의 형태를 지니고 있어 공동체의 의사결정으로 이어질 수 있고, 갈등을 억제하거나 회피하는 것이 아니라 갈등 속에서도 공동체를 형성 유지할 수 있도록 대화를 통해 협력적인 자세를 배울 수 있는 기회가 된다.

1부

서클,
학교를 만나다

학생

리더십 세우기 서클 I [*]

서클의 대상: OO고등학교

서클의 주제: 자기 돌봄

서클의 목표: 나의 감정을 알아보고, 강점을 찾아보며 자기 돌봄의 시간을 갖는다.

센터피스: 유미의 세포 카드, 초, 가치카드

센터피스의 의미: 유미의 세포 카드는 개인의 주된 감정을 시각화하여 표현하도록 돕는다.

토킹피스: 깃털, 탄산 캔, 호버만의 구, 하트 볼

토킹피스의 의미: 깃털은 존중을 의미하며, 탄산 캔은 폭발할 수 있는 갈등을 의미한다.

준비물: 캘리페이퍼, 네임펜

서클로의 초대

안녕하세요? 여러분, 반갑습니다. 오늘 우리는 자신을 돌보고, 공동체를 돌보는 시간을 가지려고 합니다. 리더십 세우기 첫 번째 서클은 자신을 돌보는 시간입니다.

---

[*] 이 서클을 진행하기 위해서는 웹툰 '유미의 세포'에 대한 내용 이해가 필요하다.

먼저, 서클을 안전한 공간으로 만들기 위해 다음 규칙들을 지켜주세요.

첫째, 서클에서는 토킹피스를 가진 사람만 이야기할 수 있습니다.

둘째, 듣는 사람들은 말하는 사람의 이야기를 가장 소중한 이야기라고 생각하고 경청해 주세요.

셋째, 서클에서 나누어진 이야기는 비밀로 해주세요. 서로의 이야기를 존중으로 지켜주세요.

넷째, 서클의 시작과 끝을 함께 합니다. 우리는 서클에서 서로 연결되었음을 느낍니다. 서로의 연결을 소중히 여겨주세요.

서클 열기

【여는 의식】

이제 눈을 감고 마음을 들여다보는 시간을 갖겠습니다. 잠깐 내 호흡에 집중해 주세요. 억지로 조절하지 말고 자연스럽게 숨을 들이쉬고 내쉬면 됩니다. 처음 참여하는 서클에 대한 낯선 마음과 분주한 마음을 가다듬고 온전히 서클에 머무르기 바랍니다. 오늘, 이 서클을 통해 여러분이 자신에 대하여 새롭게 알아가는 시간이 되었으면 좋겠습니다.

【여는 질문】

Q. 지금 나의 컨디션 점수는 1~10점 중 몇 점인가요?

［나눔 후］ 이야기해 준 컨디션 점수가 높은 사람은 그 점수를 잘 유지하고, 점수가 낮은 사람은 에너지를 얻어가는 시간이 되길 바랍니다.

Q1. 내가 느끼는 주된 감정에 관한 질문입니다. 요즘 내 안에 선두에 서 있는 세포는 무엇인가요?

〔나눔 후〕여러분의 이야기를 통해 우리 반 친구들의 다양한 감정과 현재의 상태도 조금은 알 수 있었습니다.

Q2. 우리에게는 여러 가지 감정이 있을 수 있습니다. 그중에 불안 세포가 왕성히 활동할 때 나오는 신호는 무엇인가요? 잠시 생각해 보고 나눠 주세요.

〔나눔 후〕이야기해 주셔서 감사합니다. 불안을 알아차리는 것은 매우 중요합니다. 왜냐하면 자신의 불안을 인식해야 그것을 수용하고 조절할 수 있기 때문입니다. 다음 질문을 위해 간단한 시연을 해 보겠습니다. 여기 있는 탄산수를 흔들고 이 상태로 바로 열면 어떻게 될까요? 음료가 발산되며 주변까지 퍼져서 여러 사람이 불편해질 것입니다. 하지만, 이 탄산수를 손가락으로 가볍게 톡톡 쳐서 기포를 진정시킨 후 캔을 따면 아무 일도 일어나지 않습니다.

Q3. 그렇다면 불안을 잠재우는 나만의 '톡톡 방법'은 무엇이 있을까요?

〔나눔 후〕다양한 방법들을 나눠 주셔서 감사합니다. 서로의 방법이 힌트가 되어 자신에게 적용해 보면 좋을 것 같습니다.

하지만 우리는 불안뿐 아니라 다른 감정들로 인해 힘들거나 혼란스러울 수 있습니다.

Q4. 널뛰는 다른 세포들을 잠재우는 나의 프라임 세포는 무엇인가요? 프라임

세포란 가장 영향력이 센 세포로, 한 사람의 정체성 중 가장 큰 부분을 차지합니다. 지금은 센터피스에 놓인 가치 중에서 찾아 이야기해 주세요.

〔나눔 후〕서로가 다른 가치를 선택했지만, 가치는 무엇이 더 좋고 무엇이 더 나쁨이 없습니다. 감정도 그렇습니다. 이들이 모여서 조화롭게 안정이 되고 활성화되면 긍정적인 나를 만듭니다.

Q5. 나의 긍정 에너지 또는 강점은 무엇인가요?

〔나눔 후〕여러분의 긍정 에너지를 듣는 것만으로도 에너지가 차오르고 기분이 좋아집니다.

서클 닫기

【닫는 질문】

Q. 지금까지 나를 알아보는 시간을 가져봤는데, 어땠는지 소감을 말해주세요.

【닫는 활동】

서클을 닫는 활동으로 나만의 카드를 만들어 보겠습니다. 질문 4의 가치와 질문 5의 긍정 에너지를 합해 가치에너지카드를 만들어 주세요. 예를 들어 질문 4의 가치가 '성실'이고, 질문 5의 긍정 에너지가 '끈기'인 경우 '성실하고 끈기 있는 김연아'처럼 해 주시면 됩니다. 이 카드는 리더십 세우기 두 번째 서클에서 소개해 주세요.

리더십 세우기 서클 II

서클의 대상: OO고등학교

서클의 주제: 공동체 돌봄

서클의 목표: 공동체의 성장을 위해 나의 강점과 공동체의 강점을 통합한다.

센터피스: 꽃

센터피스의 의미: 꽃은 아름답고 소중한 공동체 구성원을 의미한다.

토킹피스: 서클 I에서 만든 가치에너지카드, 다양한 털실들

토킹피스의 의미: 가치에너지카드는 '나'를 소개하고, 털실은 연결을 의미한다.

준비물: 시-'담쟁이'^{도종환}, 별지

서클로의 초대

안녕하세요? 여러분, 반갑습니다. 첫 번째 서클에서 자신을 돌보는 시간을 가졌습니다. 리더십 세우기 두 번째 서클은 공동체를 돌보는 시간입니다. 오늘 서클을 통해 공동체를 다양한 시선으로 바라보고 새롭게 이해하는 시간이 되기를 기대합니다. 이제 서클의 규칙에 따라 서클을 진행하겠습니다.

서클 열기

【여는 질문】

Q1. 가치에너지카드를 발표하며 나를 소개해 주세요. ^{리더십 세우기 서클 I 참고}

Q2. 도종환의 시 '담쟁이'를 읽어 드리겠습니다. 시를 듣고 난 후 느낌을 나눠 주세요.

서클 진행

Q1. 여러분이 속해 있는 학교 안의 공동체가 함께 넘어야 할 과제는 무엇인가요?

Q2. 앞에서 말한 과제를 함께 넘기 위해 우리 공동체가 가지고 있는 에너지에 대해 생각해 봅시다. 여러분이 속해 있는 공동체가 가지고 있는 긍정적 에너지 또는 강점은 무엇인가요?

Q3. 가치에너지카드에 적은 여러분의 강점과 공동체의 강점을 합하면 좋은 시너지가 생길 것입니다. 이를 극대화하기 위해 필요한 외부^{학교, 교사, 학부모}등의 도움은 무엇이 있을까요?

Q4. 시 속의 담쟁이처럼 우리 내부의 힘, 즉 여러분의 강점과 공동체의 강점 그리고 외부의 도움을 통해 벽을 넘고 나면 우리가 기대하는 공동체는 어떤 모습일까요?

서클 닫기

【닫는 질문】

Q. 오늘 함께 한 서클을 통해 여러분이 얻은 것은 무엇인가요?

담쟁이*

도종환

저것은 벽

어쩔 수 없는 벽이라고 우리가 느낄 때

그때

담쟁이는 말없이 그 벽을 오른다

물 한 방울 없고 씨앗 한 톨 살아남을 수 없는

저것은 절망의 벽이라고 말할 때

담쟁이는 서두르지 않고 앞으로 나아간다

한 뼘이라도 꼭 여럿이 함께 손을 잡고 올라간다

푸르게 절망을 다 덮을 때까지

바로 그 절망을 잡고 놓지 않는다

저것은 넘을 수 없는 벽이라고 고개를 떨구고 있을 때

담쟁이 잎 하나는 담쟁이 잎 수천 개를 이끌고

결국 그 벽을 넘는다

* 출처:『흔들리지 않고 피는 꽃이 어디 있으랴』, 도종환 시, 송필용 그림, 알에이치코리아, 2014.

신입생을 위한 공동체 세우기

서클의 대상: OO고등학교 신입생

서클의 주제: 안전한 공동체와 자기 이해

서클의 목표: 평화롭고 안전한 공동체를 위한 약속을 만들고 개인의 실천을 다짐한다.

센터피스: 집 모형 장식품, 여러 가지 색 털실, 용기성장카드

센터피스의 의미: 집 모형 장식품은 학교를 의미하고, 여러 가지 색의 털실은 다양한 공동체 구성원을 의미한다.

토킹피스: 호버만의 구, 털실, 모형 초

토킹피스의 의미: 모형 초는 선한 의지를 가진 개인을 상징하며 털실은 서로의 연결을 의미한다.

준비물: 감정빙고 활동지[별지], 자기소개 활동지[별지], 캘리페이퍼, 전지, 네임펜, 12색 유성펜

서클로의 초대

안녕하세요? 여러분, 만나서 반갑습니다. 오늘 우리는 신학기 새로운 친구들을 알아가고 1년 동안 평화롭고 안전한 반을 만들기 위해 공동체 활동을 하며 우리들의 이야기를 서클로 나누어보겠습니다. 지금부터 서클의 규칙에 따라 서클을 진행하겠습니다.

<h1 style="text-align:center">서클 열기</h1>

【여는 질문】

Q. 오늘의 컨디션 점수는 몇 점인가요? 1점에서 10점까지 호버만의 구로 표현
해 주세요.

<h1 style="text-align:center">서클 진행</h1>

【공동체 활동 1】 너와 나의 연결고리

이 활동은 자연스러운 대화를 통해 공통점을 찾아 친밀감을 형성한다.

1. 두 명이 팀을 이루어 서로의 공통점들을 찾아보고 그 중 키워드 세 개를 정한다.

2. 세 개의 키워드 중 하나로 팀명을 정하고 이구동성으로 소개한다.

3. 나머지 두 개의 키워드로 서로를 소개한다.

【공동체 활동 2】 감정 빙고

이 활동은 비난이나 평가가 아닌 타인의 감정을 인정하고 수용하는 자세로 임하도록 안내한다. 또한 나의 감정을 드러내며 수용 받는 경험을 갖게 하고 같은 상황에서 다른 감정을, 다른 상황에서 같은 감정을 느낄 수 있음을 알게 한다. 이를 통해 감정은 옳고 그름이 없는 것임을 강조한다.

1. 최근에 많이 느꼈던 감정 16가지를 감정 단어 목록에서 선택하여 감정 빙고 활동지에 적는다.

2. 빙고를 진행할 때는 자신이 선택한 감정과 그 이유를 함께 나눈다.

3. 빙고가 한 줄 완성된 사람은 '빙고'를 외친다.

【서클 진행 1】 나를 공동체에 소개하기

본 활동은 질문을 통해 알게 된 자기 모습을 소개하며, 구성원 간 이해와 친밀감을 키운다.

Q1. 자기소개 활동지를 통해 알게 된 나의 모습 중 우리 반 모두에게 알려주고 싶은 것을 소개해 주세요.

Q2. 모두의 이야기를 듣고 우리 반에 기대되는 것을 이야기해 주세요.

【공동체 활동 3】 우리 반 그리기

1. 각자의 캘리페이퍼에 내가 바라는 우리 반의 모습을 그린다. 그림, 문자, 상징물, 이모티콘 등 다양한 표현 방법이 가능함을 안내한다.
2. 각자 그린 공동체 그림에 대하여 설명한다.

【서클 진행 2】 공동체에 대한 경험 나누기

Q1. 기억에 남는 공동체에 관해 이야기 나누어주세요. 어떤 점이 기억에 남는지요?

Q2. 아무리 좋은 공동체라 하더라도 공동체 안에는 갈등이 있습니다. 여러분이 경험한 공동체 중에서 갈등에 잘 대처한 공동체는 어떤 공동체이며, 어떻게 대처하였나요?

Q3. 두 경험을 토대로 했을 때, 여러분이 원하는 반은 어떤 반인가요?

【공동체 활동 4】 공동체 약속 만들기(모둠활동)

1. 우리 반 공동체를 건강하고 안전하게 돌보기 위해 어떤 약속이 필요한

지 이야기한다.

2. 모둠별로 5개 이상의 약속을 전지에 적는다.

3. 모둠별 약속을 전체와 공유한다.

【서클 진행 3】 공동체 약속을 위한 나의 실천

　　공동체의 약속 만들기 활동과 나의 실천은 수업 후 학급에서 존중의 약

　　속으로 활용할 수 있도록 안내한다.

　　Q. 공동체의 약속을 지키기 위해 내가 실천할 수 있는 것을 이야기해 주세요.

서클 닫기

【닫는 질문】

　　Q. 오늘 서클을 함께 나눈 소감을 말해주세요. 나눈 이야기 중 가져가고 싶은

　　　것은 무엇인가요? 새롭게 알게 된 것은 무엇인가요?

감정빙고 활동지

이름: 날짜:

다음의 감정 단어 중에 최근에 여러분이 가장 많이 느낀 감정 16가지를 찾아보세요.

걱정스럽다	막막하다	서럽다	어색하다	지루하다
곤란하다	못마땅하다	서운하다	어이없다	짜증스럽다
괘씸하다	무섭다	속상하다	억울하다	창피하다
괴롭다	무안하다	슬프다	외롭다	허무하다
귀찮다	분하다	실망스럽다	우울하다	허전하다
난처하다	불만스럽다	약오르다	원망스럽다	혼란스럽다
답답하다	불안하다	얄밉다	원통하다	후회스럽다
두렵다	불편하다	민망하다	조급하다	화나다
긴장되다	당황스럽다	부끄럽다	샘나다	힘들다
맘이 아프다	떨리다	자신감있다	안타깝다	활기있다
가엾다	미안하다	뿌듯하다	유쾌하다	통쾌하다
기대되다	든든하다	사랑스럽다	다정하다	행복하다
간절하다	만족스럽다	생기있다	다행스럽다	흥미롭다
감격스럽다	편안하다	상쾌하다	자랑스럽다	홀가분하다
감사하다	반갑다	설레다	자유롭다	후련하다
고맙다	벅차다	시원하다	재미있다	흐뭇하다
기쁘다	부럽다	신나다	즐겁다	흡족하다
놀랍다	열중하다	안정되다	짜릿하다	황홀하다

1. 찾아낸 감정 단어로 빙고판을 채웁니다.
2. 빙고를 진행할 때는 자신이 선택한 감정과 그 이유를 함께 나눕니다.
3. 빙고가 한 줄 완성되면 빙고를 외칩니다.

자기소개 활동지

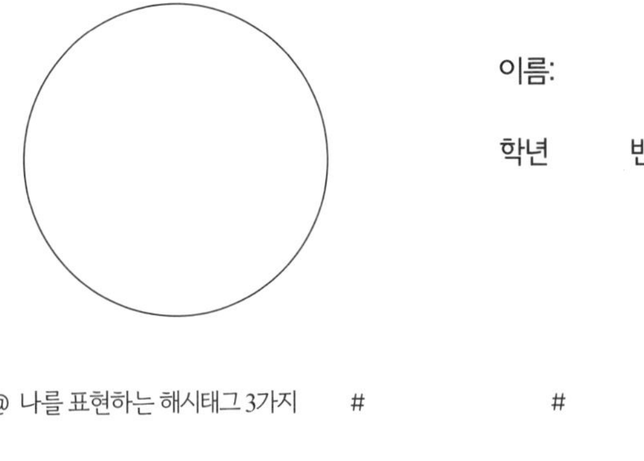

이름:

학년   반   번호

@ 나를 표현하는 해시태그 3가지   #   #   #

나는 이럴 때 즐거워요	입학하면서 무슨 생각을 가장 많이 했나요?

난 이럴 때 불편해요	나 이런 거 잘 해

학급 공동체를 위한 나의 역할 찾기 서클

서클의 대상: OO고등학교

서클의 주제: 안전한 공동체와 나의 역할

서클의 목표: 우리가 원하는 학급 공동체를 만들기 위해 나의 역할을 생각해 본다.

센터피스: 리스, 초, 용기성장카드

센터피스의 의미: 리스는 환영을 의미하고, 초는 소중한 공동체의 구성원을 의미
한다.

토킹피스: 깃털, 기린 인형

토킹피스의 의미: 깃털은 존중을 의미하고, 비폭력대화의 상징 동물인 기린인형은
공감적 대화를 의미한다.

준비물: 포스트잇, 네임펜

서클로의 초대

안녕하세요? 여러분, 반갑습니다. 오늘 우리는 '안전한 공동체 속의 나의
역할'을 주제로 이야기 나누어보겠습니다. 지금부터 서클의 규칙에 따라
서클을 진행하겠습니다.

<h1 align="center">서클 열기</h1>

【여는 질문】

Q. 오늘 나의 컨디션을 날씨로 표현해 주세요.

【여는 활동】

1. 이름 릴레이: 지금부터 릴레이로 이름을 소개하겠습니다. "○○옆에 ○○입니다"로 자신을 소개해 주세요.

2. 친구 칭찬 릴레이: 릴레이로 이름을 불렀던 옆 친구를 칭찬하겠습니다. 나눠드린 포스트잇에 친구의 칭찬을 적어 소개한 후 친구에게 붙여주세요.

3. 우리 공동체 칭찬 릴레이: 학교나 우리 반을 칭찬하겠습니다. 나눠드린 포스트잇에 학교나 우리 반의 칭찬을 적어 소개한 후 센터피스에 놓아주세요.

<h1 align="center">서클 진행</h1>

지금부터 여러분이 경험했던 공동체에 관하여 이야기해 보겠습니다.

Q1. 내가 과거에 속했던 공동체 중 좋은 공동체라고 생각하고 있는 공동체를 소개해 주세요.

Q2. 방금 소개한 공동체에서 나의 역할과 내가 기여한 것은 무엇인가요?

Q3. 우리 반이 어떤 모습의 공동체라면 좋을까요?

Q4. 우리가 함께 이야기한 공동체가 되기 위해 지금 내가 할 수 있는 것은 무엇일까요?

Q5. 나의 실천을 위해 내게 필요한 도움은 무엇이고, 그 도움을 줄 수 있는 사
람은 누구인가요?

서클 닫기

【닫는 질문】

Q. 오늘 서클을 함께 나눈 소감을 말해주세요. 나눈 이야기 중 마음에 담아 가
고 싶은 것은 무엇인가요? 또는 새롭게 알게 된 것은 무엇인가요?

회복적 질문법을 통한 갈등 이해하기 서클

서클의 대상: ○○고등학교

서클의 주제: 갈등과 회복적 질문법

서클의 목표: 회복적 질문법을 이해하고, 개인의 갈등 상황에 적용해 본다.

센터피스: 털실, 가치카드

센터피스의 의미: 털실은 공동체의 연결을 의미하며, 가치카드는 나의 선택에 영향을 주는 가치들을 탐색할 수 있도록 돕는다.

토킹피스: 탄산 캔, 하트쿠션

토킹피스의 의미: 탄산 캔은 폭발할 수 있는 갈등을 의미하고, 하트쿠션은 긴장감을 완화하기 위해 사용한다.

준비물: 알아차림 활동지별지, 네임펜

서클로의 초대

안녕하세요? 만나서 반갑습니다. 오늘 우리는 '갈등과 회복적 질문법'을 주제로 이야기 나누어보겠습니다. 지금부터 서클의 규칙에 따라 서클을 진행하겠습니다.

서클 열기

【여는 질문】

　Q. 오늘의 컨디션 점수는 몇 점[1~100]인가요?

【여는 활동】

　갈등에 대해 이야기하기에 앞서 힘들거나 불편한 상황에서 내가 느끼는 반응을 활동지에 기록한 후, 서클에서 이야기 나누겠습니다.

【강의 진행】

　'회복적 질문법'에 관한 강의를 진행한다.

서클 진행

오늘 함께 배운 회복적 질문법에 따라 사건을 이해하고 영향을 확인하며, 피해 회복을 위한 필요를 찾고 반복되지 않기 위해 우리가 노력해야 할 것을 서클로 이야기해 보겠습니다.

Q1. 공동체의 갈등 상황을 떠올려 보고 가장 속상하고 힘들었던 것은 무엇이 었나요? 감정과 느낌을 중심으로 이야기해 주세요.

Q2. 갈등이 어떻게 해결되기를 원했나요?

Q3. 회복을 위해 필요한 것은 무엇이었나요?

Q4. 같은 상황이 반복되지 않기 위해 공동체 안에서 어떤 약속이 필요한가요? 내가 노력할 것 또는 도움이 필요한 것을 나눠주세요.

서클 닫기

【닫는 질문】

 Q. 오늘 서클을 함께 나눈 소감을 말해주세요. 서클을 통해 새롭게 알게 된 것

   은 무엇인가요?

알아차림 활동지

머리: 요즘 나를 힘들게 하는 생각은 무엇인가요?

가슴: 내가 중요한 선택을 할 때 가장 우선적으로 생각하는 가치는 무엇인가요?

손: 힘들 때 '나만의 진정법'은 무엇인가요?

발: 힘들 때 나에게 나타나는 신호는 무엇인가요?

안전한 학교 공동체를 위한 서클*

서클의 대상: OO중학교

서클의 주제: 회복적 정의 철학을 기반으로 한 학교폭력예방교육

서클의 목표: 학교폭력의 현실을 이해하고 나와 공동체의 안전을 위해 실천 방안을 모색하여 학교폭력을 예방한다.

센터피스: 용기성장카드, 스마일 볼

센터피스의 의미: 서로를 응원하고 공동체의 즐거움을 표현한다.

토킹피스: 스마일 볼

토킹피스의 의미: 발화자를 알려주며 긴장을 완화한다.

서클로의 초대

이 시간은 서클로 진행하는 학교폭력예방교육입니다. 일방적인 교육이 아니라 여러분의 적극적인 참여와 지혜가 필요합니다. 우리 공동체에 대한 한 사람 한 사람의 생각을 나누고, 안전한 공동체를 만들어 가기 위해 서로의 이야기를 경청하는 소중한 시간이 되었으면 좋겠습니다.

---

* 본 프로그램은 학교폭력예방교육의 일환으로, 학교폭력의 현실을 이해하고 이를 예방하기 위한 방안을 모색하는 서클로 진행한다.

서클 열기

【여는 질문】

Q. 오늘 나의 컨디션 점수는 몇 점인가요? 1에서 10점 사이의 점수로 표현해 주세요.

〔나눔 후〕오늘 우리의 컨디션은 1점에서 10점까지 다양하네요. 교실 안에는 여러 가지 사정과 이야기가 있는 30명 가까운 친구들이 함께하며 서로 영향을 주고받습니다. 그래서 우리 교실의 안전을 위해 각자의 상태를 스스로 알아차리는 것과 타인의 상태를 알아차리는 것은 중요합니다.

이에 앞서, 학교폭력의 현 상황에 대한 강의를 듣고 우리 함께 생각을 나누어 봅시다.

【강의 진행】

'학교폭력의 현실과 이해'에 관한 강의를 진행한다.

서클 진행

Q1. 지금 우리 학교에서 나는 얼마나 안전하다고 느끼나요? 잠시 눈을 감고 자신이 생각하는 안전도를 1점에서 5점 사이의 손가락 점수로 표현해 주세요.

> **Tip** 진행자는 서클 안을 돌며 아이들의 안전도를 조용히 파악하고 공개되지 않도록 주의한다.

〔나눔 후〕 같은 학교 같은 교실에서 함께 하지만 각자가 느끼는 안전함은 다릅니다. 우리 모두가 안전하다고 느끼는 학교가 되기 위해 필요한 것이 무엇인지 찾는 것, 그것이 오늘 서클의 목적입니다.

Q2. 학교폭력 가해의 이유 1위가 '그냥' 또는 '장난으로'입니다. 여러분은 장난이 폭력이 되지 않기 위해 장난을 멈춰야 하는 순간은 언제라고 생각하나요?

〔나눔 후〕 여러분이 이야기한 그 순간을 잘 기억해서 안전한 우리 반을 만들기를 바랍니다.

Q3. 여러분은 학교폭력예방교육을 의무적으로 받습니다. 지금까지 배운 것들을 통해 내가 생각하는 학교폭력을 예방하기 위해 필요한 것은 무엇인가요?

〔나눔 후〕 여러분은 이미 학교폭력을 예방하기 위한 필요와 방법에 대해 충분히 이해하고 있군요. 이제 이 방법들을 바탕으로 자신과 공동체에 대해 생각하며 이야기해 봅시다.

Q4. 여는 질문에서 표현했던 학교 안에서 나의 안전도를 높이기 위해 나에게 필요한 도움은 무엇입니까? 나에게 필요한 도움을 이야기할 때, 타인을 비난하거나 특정하지 않고, 누군가가 떠오르지 않도록 주의하며 자신에게만 집중해서 이야기해 주세요.

Q5. 이제 남은 기간 안전한 우리 반을 위해 우리 반 친구들에게 부탁하고 싶은

것이 있나요? 이 질문에 대한 대답 역시 타인을 비난하거나 특정하지 않고, 누군가가 떠오르지 않도록 주의하며 자신에게만 집중해서 이야기해 주세요.

Q6. 우리 반 친구들이 부탁한 이야기를 듣고, 내가 할 수 있는 일은 무엇이라고 생각합니까? 내가 실천할 수 있는 일을 이야기해 주세요.

〔 나눔 후 〕 친구들의 부탁과 내가 할 수 있는 일들이 잘 지켜지면 안전한 우리 반이 되겠네요. 여러분들의 다짐을 응원합니다!

Q7. 우리 반 친구들에게 어떤 친구로 기억되고 싶나요? 친구들에게 어떤 친구로 기억되고 싶다고 말하는 것은 그런 친구가 되기 위해 노력하겠다는 앞으로의 다짐이기도 합니다. 그러니 기억되고 싶은 친구를 말할 땐, 긍정의 단어로 표현해 주세요. 이 때 '보통의 친구, 그냥 친구, 기억되고 싶지 않은 친구' 등의 표현은 지양합니다. 우리는 모두 특별하고 소중한 존재이기 때문입니다.

〔 나눔 후 〕 여러분이 다짐한 좋은 친구들로 가득한 우리 반은 학교폭력 없는 안전한 반이 되리라 생각합니다.

서클 닫기

【닫는 질문】

Q. 오늘 서클로 경험한 학교폭력예방교육에 대한 소감을 나눠주세요.

〔 나눔 후 〕 하루의 3분의 1을 보내는 교실은 어떤 친구에게는 안전하고 즐거운 공간일 수 있지만, 또 다른 친구에게는 그렇지 않을 수도 있습니

다. 우리 모두가 함께하는 교실이 모든 친구들에게 안전하고 평화로운 공간이 되기 위해서는 '나', '너', '우리'가 서로에게 좋은 사람이 될 때 가능합니다. 서로가 서로에게 더 좋은 사람이 되어주세요.

월드 카페 서클[*]

서클의 대상: 경기꿈의학교-놀공십공 청소년[**]

서클의 주제: 자기 돌봄

서클의 목표: 과거와 현재의 자신을 돌아보며 긍정성을 회복하여 미래의 자신을 응원한다.

센터피스: 가치카드^{소서클 1}, 목각 사람 인형^{소서클 2}, 사진카드^{소서클 3}

센터피스의 의미: 소서클 주제와 관련된 소품으로 구성하여 자기성찰을 돕고 안전한 서클로의 초대를 의미한다.

토킹피스: 하트쿠션

토킹피스의 의미: 긴장감을 완화한다.

준비물: 토닥토닥 스티커, 무지 고리 수첩, 필기도구

서클로의 초대

놀공십공 '월드 카페 서클'에 오신 것을 환영합니다. 오늘 서클의 주제는

---

[*] 월드 카페 서클이란 월드 카페(World Café)를 응용한 새로운 형식의 서클이다. 월드 카페는 열린 대화, 친밀한 대화를 촉진하고, 아이디어들을 연결하여 집단 지성에 이르도록 구조화된 대화 프로세스이다. 월드 카페 서클은 정해진 인원으로 구성된 여러 개의 소서클로 진행한다. 참여자들은 각 소서클에 자유롭게 이동하며 정해진 시간 동안 특정 주제에 대해 이야기를 나눈다. 모든 참여자가 모든 소서클을 경험하도록 구성되며, 서클 열기와 서클 닫기는 전체 서클로 함께한다.

[**] 놀공십공은 2019~2022까지 서클컴퍼니 가치울림이 경기꿈의학교 사업의 일환으로 진행한 "놀이로 성장하는 공동체 십대의 손으로 만드는 공동체"의 약자이다.

'자기 돌봄'입니다. 이제 규칙에 따라 모두의 이야기를 나눌 수 있는 서클을 시작하겠습니다. 서로의 이야기를 잘 들을 수 있도록 온전히 동참해 주세요.

서클 열기

전체 서클로 진행한다.

【여는 질문】

Q. 오늘의 컨디션은 어떤가요? 1에서 10점 사이 점수로 표현해 주세요.

【여는 활동】 개미 술래잡기

1. 의자로 동그라미 대형을 만든 후 모두 앉는다.

2. 술래는 일어나 빈자리에서 가장 먼 곳으로 이동한다.

3. 놀이가 시작되면 술래는 빈자리에 빨리 앉으려 하고 개미들은 서로 협동하여 술래가 앉지 못하도록 빈자리로 옮겨 앉는다. 이때, 술래는 뛰지 않고 개미는 술래를 밀치거나 진로를 방해할 수 없다.

4. 술래로부터 개미들이 협동하여 얼마나 오랫동안 빈자리를 지킬 수 있는지 시간을 잰다.

서클 진행

【월드 카페 소서클 1】 과거: 자존감 세우기

Q1. 과거에 내가 많이 행복했던 사건을 소개해 주세요.

Q2. 어려움을 잘 극복했던 나의 경험을 소개해 주세요.

Q3. 나에게 가장 기억에 남는 친구를 소개해 주세요.

【마무리 활동】 토닥토닥 스티커 붙이기

지금까지 수고한 나와 서클 참여자들에게 토닥토닥 스티커를 서로의 수
첩에 붙여주세요.

【월드 카페 소서클 2】 현재: 나의 강점 찾기

Q1. 현재의 나에게 많은 영향을 준 사람은 누구인가요?

Q2. 현재 내가 가장 관심 있는 일은 무엇인가요?

Q3. 나의 강점 10가지를 찾아 수첩에 적어 주세요.

【마무리 활동】 나의 강점 나누기

나의 강점을 이야기해 주세요.

Tip 나의 강점 찾기 서클에서 10가지 강점을 스스로 못 찾은 참여자들에게는 서클에
함께 참여한 참여자들이 강점을 찾아주도록 한다.

【월드 카페 소서클 3】 미래: 나의 미래 응원하기

Q1. 센터피스 위 사진카드에서 내가 생각한 나의 미래와 가장 가깝게 느껴지는 사진을 선택하여 자신의 미래를 소개해 주세요.

Q2. 1번 질문에서 소개한 미래의 내가 현재의 나에게 전하는 한마디를 수첩에 적고 나눠주세요.

Q3. 말하는 대로 이루어진다는 말이 있습니다. 내가 원하는 나의 미래 10가지를 예언하여 수첩의 한 페이지에 하나씩 적어 주세요.

【마무리 활동】 나의 미래 예언 발표하기

나의 미래 예언 10가지를 소개해 주세요.

서클 닫기

【닫는 질문】 전체 서클

Q. 오늘 자신의 과거, 현재, 미래를 여행한 느낌은 어떤가요?

미래 그려보기 서클

서클의 대상: 경기꿈의학교-놀공십공 청소년

서클의 주제: 비전

서클의 목표: 나의 가치를 실현할 수 있는 비전을 갖는다.

센터피스: 가치카드, 자성예언카드

센터피스의 의미: 가치를 시각화하고 참여자의 생각을 구체화하도록 돕는다.

토킹피스: 하트 볼

토킹피스의 의미: 발화자를 알려주며 긴장을 완화한다.

서클로의 초대

놀공십공 '미래 그려보기 서클'에 오신 것을 환영합니다. 오늘 서클의 주제는 '비전'입니다. 이제 규칙에 따라 모두의 이야기를 나눌 수 있는 서클을 시작하겠습니다. 서로의 이야기를 잘 들을 수 있도록 온전히 동참해 주세요.

서클 열기

【여는 의식】

잠시 마음을 정돈하고 서클에 집중할 수 있도록 침묵의 시간을 갖겠습니다.

【여는 질문】

Q. 지금의 기분을 다섯 글자로 표현해 주세요.

서클 진행

Q1. 다시 태어난다면 누구로 태어나고 싶은가요? 이유도 함께 이야기해 주세요.

Q2. 나의 삶에 중요한 가치를 센터피스에 있는 가치카드 중 선택하여 그 이유
와 함께 소개해 주세요.

Q3. 내가 꿈꾸는, 내가 선택한 가치가 충만한 미래는 구체적으로 어떤 삶인가요?

Q4. 내가 꿈꾸는 삶을 실현하기 위하여 올해가 가기 전 변화를 시도해야 할 것
은 무엇인가요?

Q5. 센터피스 위에 놓인 자성예언카드를 골라주세요. 나의 멋진 모습을 기대
하며 내가 고른 카드를 발표해 주세요.

서클 닫기

【닫는 질문】

Q. 오늘 서클을 경험한 소감을 나눠주세요.

자기 돌봄과 자기 탐색 서클*

서클의 대상: 경기꿈의학교-놀공십공 청소년

서클의 주제: 자기 돌봄과 자기 탐색

서클의 목표: 자기 돌봄과 자기 탐색을 통해 스스로를 응원하고 지지한다.

센터피스: 팬데믹 시기에 진행한 온라인 비대면 서클로, 센터피스를 사용하지 않았다.

토킹피스: 자신에게 의미 있는 소중한 물건^{사전에 참여자들이 각자 준비}

토킹피스의 의미: 자신의 이야기를 자연스럽게 나누며 긴장을 완화한다.

준비물: 캘리페이퍼, 네임펜, 토닥토닥 스티커^{사전에 참여자들에게 우편으로 발송}

서클로의 초대

서클에 오신 것을 환영합니다. 오늘 서클의 주제는 '자기 돌봄과 자기 탐색'입니다. 이제 규칙에 따라 모두의 이야기를 나눌 수 있는 서클을 시작하겠습니다. 서로의 이야기를 잘 들을 수 있도록 온전히 동참해 주세요.

---

* 본 서클은 비대면으로 진행한 온라인 서클이다. 인원이 많은 경우 7~8명으로 구성된 여러 개의 소서클로 진행한다.

서클 열기

【여는 질문】

Q. 오늘의 토킹피스는 나에게 의미 있는 물건입니다. 각자 준비한 토킹피스를

소개해 주세요.

서클 진행

Q1. 코로나로 인해 힘들거나 불편한 점은 무엇인가요?

Q2. 힘들거나 불편함에도 불구하고 잘하고 있는 것은 무엇인가요?

Q3. 코로나 상황이 길어진다고 할지라도 나를 긍정적으로 변화시키고 싶은 것은 무엇인가요?

Q4. 코로나가 종식된다면 누구와 무엇을 하고 싶나요?

〔 나눔 후 〕 지금까지 '자기 돌봄'에 대한 질문으로 이야기 나누어보았습니다. 지금부터는 '자기 탐색' 시간을 가져보겠습니다. 어느 설문조사에서 '10대 때 안 하면 후회하는 것'을 20대에게 물어보았습니다. 결과는 '5위 여행, 4위 고백, 3위 책, 2위 좋아하는 것 찾기, 1위 공부'라고 합니다. 우리가 20대가 되었을 때 이 설문조사와 같은 후회를 하지 않기 위해 10대인 우리는 지금 무엇을 하면 좋을지 생각해 보겠습니다. 다음 질문들에 대한 나의 이야기를 캘리페이퍼에 적고 서클로 이야기하겠습니다.

Q5. 여행: 친구들과 여행을 간다면 그들과 어떤 추억을 쌓고 싶은가요?

Q6. 고백: 누구에게 어떤 고백을 하고 싶은가요? 친구, 가족, 선생님 등 대상은 누구나 가능합니다.

Q7. 책: 어떤 책을 읽고 싶은가요? 그 이유는 무엇인가요?

Q8. 좋아하는 것 찾기: 내가 좋아하는 것들은 무엇인가요? 그중에서 지금 해

　　보고 싶은 것은 무엇인가요?

Q9. 공부: 어느 한 과목이라도 잘하고 싶고 좀 더 노력하고 싶은 것은 무엇인

　　가요?

서클 닫기

【닫는 활동】

　캘리페이퍼 뒷면에 자신의 이름을 쓰고 토닥토닥 스티커를 붙여 스스로
를 격려하고 응원한다.

【닫는 질문】

　Q. 오늘 서클에서 얻어가는 것, 배운 것, 알게 된 것, 내게 도움이 된 것 중 하나
　　를 소감과 함께 이야기해 주세요.

MBTI로 보는 자기 이해 서클*

서클의 대상: 경기꿈의학교-놀공십공 청소년

서클의 주제: 서로 다름

서클의 목표: 다름을 이해하고 인정함으로써 좋은 관계를 유지한다.

준비물: 개인의 MBTI 검사 결과지

서클로의 초대

놀공십공 'MBTI 자기 이해 서클'에 오신 것을 환영합니다. 오늘 서클의 주제는 '서로 다름'입니다. 이제 규칙에 따라 모두의 이야기를 나눌 수 있는 서클을 시작하겠습니다. 서로의 이야기를 잘 들을 수 있도록 온전히 동참해 주세요.

서클 열기

【여는 질문】

Q1. 지난 주와 달라진 나의 변화를 해시태그[#]로 채팅창에 입력해 주세요.

Q2. 무엇이든 될 수 있다면 나는 무엇이 되고 싶은가요?

---

* 본 서클은 사전 참여자들에게 MBTI 검사를 실시한 후, 검사 결과를 바탕으로 진행한 비대면 후속 서클이다. 온라인으로 진행된 비대면 서클로 센터피스와 토킹피스를 생략하였다.

Q3. 이것이 이루어진다면 오늘 하루 충분히 행복하다는 마음이 들 것 같은 현
실적인 일은 무엇인가요?

【강의 진행】

'MBTI 유형별 특성'에 관한 강의를 진행한다.

서클 진행

Q1. 나의 MBTI 유형을 소개해 주세요.

Q2. MBTI 강의를 듣고 나의 결과지를 보며 '딱 나네!'하는 부분이 있다면 무
엇인가요?

Q3. 나와 다른 유형에서 가져오고 싶은 특성이나 부러운 모습이 있다면 무엇
인가요?

Q4. 결과지 내용에서 혹시 '이건 나와 좀 다른데?'라고 생각되는 점이 있다면
무엇인가요?

Q5. 결과지 내용에서 현재 나의 모습과 딱 맞아 떨어지지 않지만 나의 유형에
서 제일 마음에 드는 모습이 있다면 무엇인가요?

Q6. 혹시 바꾸고 싶은 MBTI 유형이 있다면 무엇인가요?

Q7. 이해되지 않았던 내 가족 또는 가까운 사람의 행동이, MBTI를 알게 된 후
'나와 유형이 달라서 그렇구나...'라고 이해된 사례가 있다면 무엇인가요?

서클 닫기

【닫는 질문】

Q1. 내 MBTI 유형 중 언제까지나 고수하고 싶은 특성이 있다면 무엇인가요?

Q2. 오늘 활동에 대한 소감을 나누어 주세요.

교사

교사를 위한 협력과 소통 서클

서클의 대상: ○○중학교 교사

서클의 주제: 자기 돌봄과 소통

서클의 목표: 학교 공동체 동료들과 소통의 시간을 통해 서로를 돌보고 필요를 채운다.

센터피스: 꽃 리스, 꽃, 용기성장카드

센터피스의 의미: 꽃은 환영을 의미하고, 용기성장카드는 서로의 존재가 격려와 도움이 됨을 의미한다.

토킹피스: 하트 볼, 도라에몽 주머니

토킹피스의 의미: 하트 볼은 마음을, 도라에몽 주머니는 소망과 도움을 의미한다.

서클로의 초대

안녕하세요? 학교 업무로 바쁜 가운데에도 서클에 함께해 주셔서 감사합니다. 오늘의 서클이 선생님들께 소통과 돌봄의 시간이 되길 희망하며, 함께 만들어 주십시오. 이제 서클의 규칙에 따라 서클을 진행하겠습니다.

서클 열기

【여는 질문】

Q1. 우리 컨디션 체크부터 하고 시작할까요? 오늘 나의 컨디션 점수는 몇 점
인가요?

Q2. 이 자리에 참석하기 위해 내려놓은 것은 무엇인가요? 대신 얻고 싶은 것
은 무엇인가요?

〔나눔 후〕이 서클이 선생님들이 내려놓은 것보다 더욱 값진 것을 가득
담아갈 수 있는 시간이 되도록 함께 만들어 가겠습니다.

서클 진행

파커 J. 파머는 『가르칠 수 있는 용기』에서 "가르침은 자신의 영혼에 거
울을 들이대는 행위이다. 만약 내가 그 거울을 들여다보면서 거기에 나
타난 풍경으로부터 도망치지 않는다면, 나는 자기지식self-knowledge을 얻
을 수 있다. 나 자신을 안다는 것은 학생과 학과를 아는 것만큼이나 중요
한 훌륭한 가르침의 필수사항이다"라고 했습니다.

누가 가르치는가? 가르치는 여러분은 어떤 분이십니까? 여러분에 대해
이야기해 주세요.

Q1. 여러분은 중학교 때 어떤 아이였나요? "중학생인 나는 ○○한 아이였어
요"라고 이야기해 주세요.

〔나눔 후〕중학교 교사인 여러분들이 과거 중학교 때 어떤 아이였는지
이야기하면서 많은 생각이 드는 것 같아요. 이제 지금의 자신에 대해 이야
기해 보려고 합니다. ○○한 중학생이었던 나는 지금 어떤 사람일까요?

Q2. 지금의 여러분을 설명할 수 있는 단어는 무엇인가요? "나는 ○○한 사람
    입니다"라고 이야기해 주세요.

  〔 나눔 후 〕 지금의 모습 자체로 아름다우신 여러분, 다음 질문은 그런 여
  러분 자신을 맘껏 자랑하는 시간입니다.

Q3. "나, 요즘 ○○ 정말 잘하고 있어요"라고 대놓고 자랑해 주세요.

  〔 나눔 후 〕 훌륭하십니다. 이렇게 잘하고 있는 나도 누군가의 도움이 필
  요한 순간이 있습니다. 그 순간을 떠올리며 이야기를 나눠보려고 합니
  다.

Q4. 무엇이든지 다 나오는 도라에몽 주머니 아시죠? 도라에몽 주머니에서 나
    를 위해 무엇이든 꺼낼 수 있다면 무엇을 꺼내고 싶은가요? 이 도움은 우
    리 공동체의 구성원들에게 받고 싶은 도움입니다. "요즘 나는 ○○한 도움
    이 필요합니다"라고 말씀해 주세요.

  〔 나눔 후 〕 교무실은 어벤져스의 집합체 아닌가요? 각 분야에서 전문가
  들, 그리고 그것을 잘 가르치는 능력까지 가진 사람들의 공동체. 그래서
  도움을 요청하면 더 쉽게 해결할 수 있습니다. 오늘처럼 서로가 필요한
  도움을 이야기하고 나누는 시간을 지속적으로 가지길 바랍니다.

Q5. 다음 질문입니다. 앞으로 동료들과 함께 하고 싶은 것은 무엇인가요?

서클 닫기

우리는 흔히 '어떻게 가르칠 것인가'에 대해서는 많은 대화를 나누지만,

정작 '누가 가르치는가'에 대해서는 이야기할 기회가 많지 않습니다. 오늘 서클은 그 '누구'의 이야기를 해보았습니다. 학생들을 가르치고 있는 여러분들 자신을 돌아보고 서로 격려하며 필요한 도움을 나누는 시간을 가졌습니다. 내려놓고 오신 것이 아깝지 않게 스스로 값진 것을 찾아가는 시간이었기를 희망합니다.

【닫는 질문】

Q1. 오늘 서클에서 가져가는 것을 한 단어로 표현하면 무엇인가요?

Q2. 여러분과 함께 나눈 이 시간이 정말 감사한 시간이었습니다. 오늘 어떠하셨는지요? 서클을 처음 경험하고 함께 만든 소감을 나눠주세요.

교사를 위한 자기 돌봄 서클 I

서클의 대상: ○○고등학교 교사

서클의 주제: 돌봄을 위한 알아차림과 나눔

서클의 목표: 교사들이 자신의 재능을 알아차리고 공동체와 함께 나누며 스스로를 돌본다.

센터피스: 꽃 리스, 꽃, 용기성장카드

센터피스의 의미: 교사들을 환영하고, 용기성장카드로 희망의 메시지를 전한다.

토킹피스: 하트 볼

토킹피스의 의미: 발화자를 알려주며 긴장을 완화한다.

준비물: 사탕, 종이컵, 토닥토닥 스티커, 네임펜, 음악-'수고했어, 오늘도'^{옥상달빛}

서클로의 초대

서클에 오신 것을 환영합니다. 오늘 서클은 알아차림을 통해 소통과 나눔의 시간이 되길 희망하며 함께 만들어 가겠습니다. 이제 서클의 규칙에 따라 서클을 진행하겠습니다.

【여는 의식】

눈을 감고 잠시 숨을 고르겠습니다. 바삐 보내신 오늘 하루를 마무리하고 호흡에 집중하며 서클에 머무르겠습니다.

【여는 질문】

Q. 바쁜 가운데에도 서클에 함께 하게 되었는데 컨디션 체크부터 하고 시작할까 합니다. 지금 나의 상태를 다섯 글자로 표현해 주세요.

서클 진행

Q1. 오늘 주제는 '알아차림과 나눔'입니다. 첫 번째 나 자신에 관한 알아차림입니다. 요즘 나는 어떤가요? 이 막연한 질문에 떠오르는 나는 어떤지 나눠주세요.

〔 나눔 후 〕 '나는 어떤가요?'라는 질문에 요즘의 일, 건강 또는 관계, 생각, 일상을 각각 다르게 나눠주셨습니다. 이런 여러분은 어떤 영향을 받았는지 생각해 보겠습니다.

Q2. 나의 삶에 영향을 준 사람은 누구입니까? 지금 여기 계신 여러분에게 가장 큰 영향을 준 사람은 누구입니까?

〔 나눔 후 〕 다음 알아차림은 아이들을 통해 나를 들여다볼까 합니다.

Q3. 내가 가르치는 아이들은 어떤가요? 그들을 통해 내가 얻은 것은 무엇인가요?

〔나눔 후〕우리는 사람을 통해 많은 것을 얻기도 하고 배우기도 하는 것 같습니다. 그래서 공동체가 중요하고 필요합니다. 이제 여러분의 공동체를 통해 얻고 싶은 것이 무엇인지 나눠볼까 합니다.

Q4. 공동체라고 하니 가정, 학교, 동료 교사, 학급, 학생 등 많은 공동체가 생각날 것입니다. 나는 어떤 공동체에게 무슨 도움을 받고 싶은가요?

〔나눔 후〕받고 싶은 도움은 각각 다른 공동체를 말씀해 주셨는데요. 다음 질문은 나눔에 대한 질문입니다. 우리가 속한 공동체인 교사 공동체에 대해서만 생각해 주세요.

Q5. 내가 가진 능력 중 동료들에게 도움을 줄 수 있는 능력은 무엇인가요?

〔나눔 후〕이렇게 다양한 능력이 있는 분들이 기꺼이 자기 능력을 내어놓으며 도와주겠다고 하시니 부자가 된 듯 뿌듯한 느낌입니다.

이제 서클을 마무리하려고 합니다.

Q6. 오늘 동료들과 이야기를 나누면서 어떠하셨는지요? 서클을 통해 나와 동료들에 관해 새롭게 알게 된 것은 무엇인가요?

서클 닫기

【닫는 질문】

Q. 오늘의 소감을 나눠주세요.

아이들을 위해 노력하고 계신 선생님들을 위한 달콤한 사탕을 준비하였습니다. 노래가 나오는 동안 사탕이 담긴 종이컵에 토닥토닥 스티커를 서로 붙여주며 달콤함과 따뜻함을 담아 서로에게 위로와 응원을 전해주세요.

---

* 준비한 종이컵에 자신의 이름을 적고 종이컵을 옆 사람에게 전달한다. 종이컵을 받으면 격려해 주고 싶은 말을 토닥토닥 스티커에서 선택하여 종이컵에 붙여준다. 한 바퀴 돌아 자신에게 돌아오면, 오늘 하루 이 컵을 사용하면서 행복해지도록 격려하고 응원한다.

교사를 위한 자기 돌봄 서클 Ⅱ

서클의 대상: ○○고등학교 교사

서클주제: 자기 돌봄

서클의 목표: 서클 안에서 흐르는 가치와 신념을 자신의 삶에 적용해 본다.

센터피스: 초, 초 홀더, 서클에서 인간을 바라보는 신념카드

센터피스의 의미: 서클에서 인간을 바라보는 신념을 시각화하고, 안전한 대화공간을 만든다.

토킹피스: 하트 볼

토킹피스의 의미: 발화자를 알려주며 긴장을 완화한다.

준비물: 캘리페이퍼, 유성펜, 메모꽂이, 서클에서 인간을 바라보는 신념[별지], 시-'서클의 시'[어느 서클 진행자, 별지]

서클로의 초대

두 번째 서클에 오신 여러분을 환영합니다. 이제 서클의 규칙에 따라 서클을 진행하겠습니다.

서클 열기

【여는 의식】

눈을 감고 잠시 숨을 고르겠습니다. 바삐 보내신 분주한 오늘 하루를 마무리하고 온전히 서클에 머무르길 바라며 호흡에 집중하겠습니다.

【여는 질문】

Q. 지난주에 가장 좋았거나 재미있었던 일에 관해 이야기해 주세요. 그리고 요즘 내가 자주 듣는 음악도 함께 소개해 주세요.

〔나눔 후〕선생님들의 즐거운 일과 음악에 관해 이야기 나누니 일주일을 함께 보낸 듯 기분이 좋아집니다. 이런 좋은 기운으로 서클을 함께해 주세요.

【여는 활동】

오늘은 서클 안에 흐르는 신념과 가치에 대해 알아보려고 합니다. 자신이 가진 가치와 신념도 함께 생각해 보며 정리하는 시간이길 희망합니다. 먼저, 서클 안에서 믿고 있는 인간을 바라보는 신념 7가지를 함께 읽어보겠습니다.

서클 진행

Q1. 서클에서 인간을 바라보는 신념 7가지 중 가장 나의 마음에 와닿는 것은 무엇인가요? 그 이유는 무엇인가요?

Q2. 선생님으로서 또는 부모로서 아이들에게 알려주고 싶은 내가 생각하고

있던 인간을 바라보는 신념은 무엇인가요?

[나눔 후] 인간을 바라보는 신념은 인간을 대하는 태도의 가장 바탕이라고 생각합니다. 내가 어떤 눈으로 사람을 바라보는가는 사람을 가르치고 기르는 우리에게는 중요한 기준이 됩니다. 그래서 늘 점검이 필요합니다.

Q3. 자기 삶의 중심이 되는 가치는 무엇인가요? 캘리페이퍼에 적고 소개한 후 메모꽂이에 꽂아 센터피스에 놓아 주세요.

Q4. 자신이 중요하게 생각하는 가치를 지키기 위해 내가 하고 있는 일은 무엇인가요? 또는 할 수 있는 일은 무엇인가요?

Q5. 가치를 품고 살아가는 귀한 존재인 나는 어떤 장점을 가진 사람인가요?

Q6. 나의 가치로부터 나오는 내가 가진 장점 중 동료들과 나눌 수 있는 것을 말해주세요.

[나눔 후] 자신이 중요하게 생각하는 가치에 대해 알아보았습니다. 서클에도 중요하게 생각하는 10가지 가치가 있습니다. 잠시 소개해 드리겠습니다. 존중, 정직, 신뢰, 겸손, 공유, 포용, 공감, 용기, 용서 그리고 사랑입니다.

우리가 서로 가치와 능력을 서클을 통해 공유함으로 우리의 능력이 풍성해진 것 같습니다. 앞으로도 지속해서 서클로 소통하면서 공동체 안에서 서로 협력하셨으면 좋겠습니다.

Q7. 만약 내가 서클을 구성한다면 초대하고 싶은 사람은 누구인가요? 혹은 함
께 서클을 하고 싶은 공동체는 어디인가요?

Q8. 내가 초대한 서클에서 '서클의 가치 10가지' 중 중요하게 흘렀으면 하는
가치는 무엇인가요?

서클 닫기

【닫는 질문】

Q1. 오늘 동료들과 이야기를 나누며 내가 얻어가는 것은 무엇인가요?

Q2. 오늘의 소감을 나눠주세요.

【닫는 활동】

'서클의 시'를 함께 읽고 마치려고 합니다.

서클에서 인간을 바라보는 신념*

1. 모든 사람의 내면에는 선하고 지혜롭고 강한 자아가 있다.

2. 이 세상은 깊이 연결되어 있다.

3. 모든 사람은 좋은 관계에 대한 깊은 갈망이 있다.

4. 누구나 재능이 있으며 그 재능이 발현되려면 모든 이들의 도움이 필요하다.

5. 긍정적인 변화를 위해 필요한 모든 것들은 이미 우리에게 주어져 있다.

6. 인간은 통합적 존재다.

7. 우리는 진정한 자아로 살아가는 습관을 만들기 위해 연습이 필요하다.

* 출처: 『서클로 나아가기』, 캐롤린 보이스–왓슨·케이 프라니스 지음, 이병주·안은경 옮김, 대장간, 2018, pp39~46.

서클의 시

어느 서클 진행자

서클에 함께한 사람들은

그들의 이야기, 가치, 꿈을 함께 나누고

뭇 생명들의 일치를 만들어내며

한 사람도 버려지지 않는 새로운 세상에 대한 소망과

마침내 하나로 결합된 우주적 지혜를 만들어 간다.

학부모

회복적 정의와 안전한 소통*

서클의 대상: OO초등학교 학부모

서클의 주제: 회복적 정의와 안전한 소통

서클의 목표: 회복적 정의 철학으로 안전하게 소통하여 건강한 관계를 형성한다.

센터피스: 꽃 리스, 알전구

센터피스의 의미: 꽃 리스를 놓아 환영의 느낌을 주고, 전구를 둘러 아늑한 분위기를 조성하여 안전한 소통의 공간을 만든다.

토킹피스: 손뜨개 사과, 호버만의 구

토킹피스의 의미: 발화자를 알려주며 긴장을 완화하고, 마음을 편안하게 해주어 안정감을 갖고 이야기할 수 있도록 도와준다.

서클로의 초대

안녕하세요? 서클에 오신 여러분을 환영합니다. 오늘 우리는 새로운 정의의 패러다임 '회복적 정의'를 알아보았습니다. 지금부터 회복적 정의 철학을 바탕으로 하는 대화 방법 서클을 경험해 보겠습니다. 서클은 여러분에게 안전한 소통의 공간이 되어주고, 건강한 관계 형성을 도와줄 것입니다. 이제 서클의 규칙에 따라 서클을 시작하겠습니다.

---

* 서클을 진행하기 전 '회복적 정의의 이해' 강의를 진행하였다.

서클 열기

【여는 질문】

Q. 오늘 여러분의 컨디션은 어떠한가요? 1부터 5까지 숫자로 표현해 주세요.

〔나눔 후〕컨디션 점수가 높은 분들은 그 점수를 유지하고, 점수가 낮은 분들은 힘과 에너지를 얻을 수 있는 시간이 되길 바라면서 이야기를 나눠보겠습니다.

서클 진행

Q1. 오늘 이 자리에 오기 위해 놓고 온 것과 이 시간에 얻고 싶은 것은 무엇인가요?

〔나눔 후〕네, 이야기해 주셔서 감사합니다. 오늘의 서클이 여러분의 바람과 기대에 미칠 수 있기를 희망하며 질문을 이어가겠습니다.

Q2. 오늘 '회복적 정의'라는 새로운 철학에 대해 알아보았습니다. 강의 내용 중 기억에 남는 키워드는 무엇인가요?

〔나눔 후〕네, 이야기해 주셔서 감사합니다. 아무래도 철학을 이야기하다 보니 조금 낯설고 어렵게 느껴지기도 하셨을 것 같은데요. 저도 처음에는 여러분과 같은 생각을 했던 기억이 납니다. 다음 질문으로 이어가겠습니다.

Q3. 회복적 정의 철학에서는 안전한 소통을 중요하게 생각하는데요. 오늘 강의 내용을 생각하시면서 내가 우리 아이들과 안전하게 소통하기 위해 필요한 것은 무엇이 있을까요?

〔나눔 후〕네, 이야기해 주셔서 감사합니다. 아이들과 소통하고 서로를 이해하는 일은 늘 어려운 것 같습니다. 그렇지만 지금 이야기해 주신 것들을 우리가 모두 실천하기 위해 노력할 것 같아 기대됩니다. 다음 질문입니다.

Q4. 우리는 서로에게 좋은 사람이고 싶고, 좋은 관계를 맺기 위해 노력합니다. 내가 다른 사람과 좋은 관계를 맺고 유지할 수 있는 나만의 비장의 무기를 소개해 주세요.

〔나눔 후〕여러분의 이야기를 들으면서 '나도 저런 무기들을 장착해야겠다'라는 생각이 들었습니다. 여러분의 소중한 이야기를 나눠주셔서 감사합니다.

서클 닫기

【닫는 질문】

이제 서클을 마무리하겠습니다. 이 자리에서 여러분이 나눠주신 풍성하고 진솔한 이야기 덕분에 저는 마음이 참 따뜻해졌습니다.

Q. 마지막 질문을 드리겠습니다. 오늘 서클에 참여하신 소감이 어떠신가요?

〔나눔 후〕이 시간이 회복적 정의 철학 안에서 아이들 그리고 나와 관계하는 사람들과 안전하게 소통하고 건강한 관계를 만들어 가는 방법을 발견한 시간이 되었기를 바랍니다. 오늘 함께해 주셔서 감사합니다.

존중하는 부모, 존중받는 자녀*

서클의 대상: OO초등학교 학부모

서클의 주제: 존중하는 부모, 존중받는 자녀

서클의 목표: 자녀의 있는 모습 그대로를 존중할 수 있다.

센터피스: 초, 초 홀더, 사진카드

센터피스의 의미: 초를 밝혀 대화를 위한 아늑하고 따뜻한 분위기를 만들어준다.

토킹피스: 털실, 하트쿠션

토킹피스의 의미: 털실은 자녀와 부모의 연결을 의미하고, 하트쿠션은 사랑을 의미한다.

준비물: 캘리페이퍼, 명함 카드, 네임펜

서클로의 초대

서클에 오신 여러분을 환영합니다. 오늘 강의 내용을 바탕으로 자녀를 이해하고 존중하는 방법을 배울 수 있기를 기대하며 서클을 진행하겠습니다. 지금부터 서클의 규칙에 따라 서클을 시작하겠습니다.

---

* 서클을 진행하기 전 회복적 정의 철학을 바탕으로 한 학부모 교육을 진행하였다.

<h1 style="text-align:center">서클 열기</h1>

Q. 즐거운 이야기를 먼저 나누겠습니다. 요즘 나와 아이가 소소하게 행복한 순간이 있다면 언제 무엇을 할 때일까요?

<h1 style="text-align:center">서클 진행</h1>

Q1. 자녀에게 가장 자주 하는 말은 어떤 것이 있나요?

Q2. 자녀가 가장 듣고 싶어 하는 말은 무엇일까요?

Q3. 최근 나는 좋아하지 않지만, 자녀가 좋아하는 것을 수용해 준 것은 무엇이 있나요?

Q4. 나눠드린 캘리페이퍼에 내가 자녀에게 바라는 것 3가지를 적어주세요. 그 중에서 한 가지만 남긴다면 그것은 무엇인가요?

<h1 style="text-align:center">서클 닫기</h1>

【닫는 질문】

Q. 지금 자녀에게 꼭 해주고 싶은 말을 명함 카드에 적고 이야기해 주세요.

> Tip 서클을 닫을 때 음악을 준비하여 서클에 참가한 사람들이 서클에서 다루어진 감정을 스스로 정리할 수 있는 시간을 제공하는 것도 좋다.

성장을 만드는 부모 서클

서클의 대상: OO중학교 학부모

서클의 주제: 성장을 만드는 부모

서클의 목표: 부모로서 자녀의 성장을 돌아보고, 함께 성장하는 교육공동체를 만든다.

센터피스: 강낭콩 화분, 꽃 리스, 초

센터피스의 의미: 강낭콩 화분은 성장하는 자녀와 자녀의 성장을 지켜보는 부모를 의미한다.

토킹피스: 캥거루 인형

토킹피스의 의미: 부모로서의 나를 의미한다.

준비물: 음악-'모두 다 꽃이야'류형선, 별지

서클로의 초대

안녕하세요. 서클에 참여하신 여러분을 환대합니다. 오늘 서클은 '부모인 나'로 이야기 나누려고 합니다. 나의 여러 역할 중 학부모가 아닌 부모로서 서클에 참여해 주십시오. 이제 서클의 규칙에 따라 서클을 진행하겠습니다.

서클 열기

【여는 의식】

　눈을 잠깐 감고 숨을 고르며 20초 동안 보디체크를 해보겠습니다.

【여는 질문】

　Q. 오늘 나의 기분을 색깔로 표현해 주세요.

서클 진행

　센터피스에 놓인 화분 보이시죠? 저의 작은 아이가 심은 강낭콩 화분이에요. 푯말에 이름을 오이, 별명을 늦둥이, 다짐에 '내가 잘 키울게'라고 써 놓았습니다. 이 화분에 씨앗을 심고 키우는 아이를 보면서 부모의 마음에 관한 이야기를 해봐야겠다고 생각했습니다. 그래서 오늘 씨앗을 심고 가꾸는 마음으로 우리를 보려고 합니다. 오늘의 주제는 성장을 지켜보는 부모로서의 우리입니다.

　Q1. ○○중학교에 입학했을 때 아이가 어떤 열매를 맺는 사람이길 기대하셨나요? 여러분이 기대하며 심은 씨앗은 무엇인가요?

　Q2. 아이가 틔운 싹은 무엇이었나요? 나의 기대가 아니라 아이가 보여준 성장은 무엇이었나요?

　[나눔 후] 화분을 다시 봐주세요. 원래 지은 이름에 별명이 붙었어요. 저희 아이는 심으면 바로 쑥쑥 자랄 줄 알았나 봐요. 그래서 기대하며 매일 보더니 어느 날은 실망하고, 어느 날은 화분에 뭐라 핀잔도 주곤 했어

요. 마침내 늦게 싹이 올라온 걸 본 날 별명을 '늦둥이'라고 지어 주었어
요. 늦게 나왔지만 예뻐서 지어준 이름이라고 합니다.

Q3. 우리 아이에게도 강낭콩 새싹처럼 인정의 이름, 존재의 아름다움을 담은
    별칭을 붙여주세요.

   〔나눔 후〕 함께 이야기 나누면서 뭉클했습니다. 성장하느라 애썼을 우
   리 아이들과 지켜보느라 애쓴 여러분께 박수를 보내드립니다.
   이제 우리의 다짐을 적어보려 합니다. 저희 아이가 써 놓은 다짐처럼 저
   도 '내가 잘 키울게'라고 다짐했던 기억이 납니다.

Q4. 학부모로서가 아니라 우리 아이 ○○의 엄마, 아빠로서의 다짐을 "나는 ~
    할게"로 말씀해 주세요.

   〔나눔 후〕 여러분의 다짐을 들어보았습니다. 모든 이야기에 아이들에
   대한 깊은 사랑이 느껴졌습니다. 이곳에 모인 여러분은 같은 학교, 같은
   반으로 만난 교육공동체입니다. 우리 아이들을 공동체 안에서 함께 잘
   키우기 위해서는 서로의 도움이 필요합니다.

Q5. 앞서 이야기한 부모로서의 다짐을 지켜 나가기 위해 우리 공동체에서 도
    움받고 싶은 것은 무엇인가요? 도움받고 싶은 것을 나눠 주세요.

서클 닫기

【닫는 질문】

Q. 여러분과 함께 나눈 이 시간이 정말 감사한 시간이었습니다. 오늘 어떠하

셨나요? 서클을 처음 경험하고 함께 만들어 주신 여러분의 소감을 나눠주세요.

【닫는 의식】

마지막으로 노래 한 곡 들으면서 마치려고 합니다. 우리는 어디 피었든, 어떤 종류든 모두 꽃입니다. 그리고 여러분 모두와 우리 아이들은 함께 핀 그리고 함께 필 꽃입니다.

모두 다 꽃이야*

류형선 작사 작곡

산에 피어도 꽃이고

들에 피어도 꽃이고

길가에 피어도 꽃이고

모두 다 꽃이야

봄에 피어도 꽃이고

여름에 피어도 꽃이고

몰래 피어도 꽃이고

모두 다 꽃이야

아무 데나 피어도

생긴 대로 피어도

이름 없이 피어도

모두 다 꽃이야

* 출처: 『모두 다 꽃이야』, 류형선 글, 이명해 그림, 풀빛, 2021.

안전한 대화 서클로 연결하기

서클의 대상: ㅇㅇ중·고등학교 학부모

서클의 주제: 나와 아이와 공동체의 연결

서클의 목표: 서클을 통해 공동체 속에서 연결된 나를 발견하고 관계의 충만함을 경험한다.

센터피스: 향초, 눈꽃 전구, 담요

센터피스의 의미: 따뜻하고 안전한 공간을 만들고 서클 안에서 참여자를 온전한 존재로서 환영함을 의미한다.

토킹피스: 하트 볼, 쿠션, 스마일 볼

토킹피스의 의미: 발화자의 긴장감을 완화하며 편안한 대화를 돕는다.

준비물: 시-'연'[나태주], 별지

서클로의 초대

서클에 오신 여러분을 환영합니다. 이 서클을 통해 나와 아이, 그리고 공동체와의 깊은 연결을 함께 경험하며, 그 시간이 여러분에게 풍성하고 의미 있는 순간이 되기를 희망합니다. 서클의 규칙에 따라 서클을 진행하겠습니다.

서클 열기

【여는 활동】

나태주의 시 '연'을 함께 낭송하며, 우리의 마음이 온전히 이곳에 머물도록 함께해 주세요. 이 순간이 서로를 환영하는 따뜻한 시작이 되기를 바랍니다.

【여는 질문】

Q. 오늘 하루는 어떠하셨나요? 함께하는 분들이 알아주었으면 하는 지금의 몸과 마음 상태를 말씀해 주세요.

서클 진행

Q1. 나와 나를 연결해 봅니다. 인생에서 가장 재밌었던 사건을 소개해 주세요.

Q2. 나와 아이를 연결해 봅니다. 지금 한번 생각해 보세요. 부모가 아이를 더 사랑할까요? 아이가 부모를 더 사랑할까요? 우리는 늘 부모의 사랑을 숭고하다고 얘기하지만, 아이들이 부모를 사랑하는 마음은 어쩌면 부모들보다 더 절대적인 것 같습니다. 내가 아이에게 가장 사랑받았다고 느낀 경험에 관해 얘기해 주세요.

Q3. 나와 공동체를 연결해 봅니다. 내가 깊이 연결되어 있고 가장 감사하게 생각하는 공동체를 소개해 주세요.

Q4. 오늘 서클을 통해 나와 나, 나와 자녀들 그리고 나와 내가 속한 공동체를 연결하여 생각해 보았습니다. 오늘 나눈 이야기를 참고하여 나의 자서전을 쓴다면 책 제목을 무엇으로 정하고 싶으신가요?

【닫는 질문】

Q. 이제 서클을 닫으려 합니다. 오늘 서클의 소감을 나눠주세요.

연[*]

나태주

오래

기다리셨습니다.

드릴 것은

조그만 마음뿐입니다.

부디 오래

머물다 가십시오.

바람에겐 듯

사랑에겐 듯

---

* 출처: 『너만 모르는 그리움 나태주 필사시집』, 나태주 시, 배정애 캘리그라피, 슬로우어스 그림, 북로그컴퍼니, 2023.

자신의 변화와 성장을 탐색하기 위한 서클

서클의 대상: ○○중학교 참공부 학습공동체

서클의 주제: 변화와 성장을 위한 자기 돌봄

서클의 목표: 나의 변화와 성장을 탐색하며 자신의 삶에 집중해 본다.

센터피스: 꽃 리스, 초, 가치카드

센터피스의 의미: 초대와 환대를 의미한다.

토킹피스: 펜데믹 시기에 참여자의 안전을 위해 토킹피스를 사용하지 않는다.

준비물: 이름표, 네임펜, 그림엽서

서클로의 초대

서클에 오신 여러분을 환영합니다. 요즘 우리는 미디어를 통해 타인의 삶을 쉽게 관찰하고 들여다보는 것에 익숙해져 있습니다. 그렇다면 나의 삶에 온전히 집중해 본 것은 언제일까요? 오늘은 나의 인생, 나의 삶에 집중해 보는 서클로 진행해 보겠습니다. 이제 서클의 규칙에 따라 서클을 진행하겠습니다.

서클 열기

【여는 의식】

센터피스의 초를 보며 분주한 마음을 차분히 다독이고, 나에게 집중해 봅니다.

【여는 활동】

자기 이름의 초성과 같은 초성을 가진 가치를 찾아 꾸며주는 말로 이름표를 만들어 주세요. 예를 들어 이름이 수정이라면 'ㅅ'으로 시작하는 가치와 'ㅈ'으로 시작하는 가치를 찾아 '신실하고 정직한 수정'과 같이 적으면 됩니다.

【여는 질문】

Q. 가치를 나의 이름과 연결하니 내가 더 소중한 사람이 된 느낌이 듭니다. 각자 작성한 이름을 소개해 주세요.

서클 진행

Q1. 내가 사랑하는 나의 모습은 무엇이 있을까요? 외모, 성격, 행동 등 무엇이든지 좋습니다.

Q2. 나의 기분을 좋아지게 하는 일은 무엇인가요?

Q3. 내가 중요한 선택을 해야 할 때 우선 생각하게 되는 가치는 무엇이 있나요?

Q4. 여러 선택의 과정을 거치면서 우리는 변화하고 성장하게 됩니다. '내가 성장했구나', '나 많이 컸네'라고 느꼈던 나의 모습에는 무엇이 있을까요?

Q5. 우리의 변화와 성장을 위해 도전해 보고 싶은 일이 있다면 무엇이 있을까
요?

서클 닫기

【닫는 질문】

Q. 오늘 서클을 통해 새롭게 발견한 '나'의 모습을 나눠드린 엽서에 한 문장으
로 적어 소개하고, 서클을 함께한 소감도 나눠 주세요.

타인과 연결된 나의 영향력 발견하기 서클

서클의 대상: OO중학교 참공부 학습공동체

서클의 주제: 좋은 관계를 위한 자기 돌봄

서클의 목표: 타인과 연결되어 있는 '나'의 긍정적인 영향력을 발견한다.

센터피스: 줄 전구 조명, 가치카드

센터피스의 의미: 서로 연결되어 영향을 주고받는 나와 타인의 관계를 의미한다.

토킹피스: 팬데믹 시기에 참여자의 안전을 위해 토킹피스를 사용하지 않는다.

준비물: 핸드크림, 음악-'Happy things'제이래빗, 캘리페이퍼, 네임펜

서클로의 초대

서클에 오신 여러분을 환영합니다. 오늘은 타인과 연결된 나를 돌보는 시간을 갖겠습니다. 몸과 마음을 편안하게 하고 서클에 참여해 주십시오. 이제 서클의 규칙에 따라 서클을 진행하겠습니다.

서클 열기

【여는 활동】

제이래빗의 'Happy things' 노래를 들으면서 핸드크림을 바르겠습니다. 이 활동으로 우리의 감각을 깨우고 몸과 마음을 부드럽게 만들겠습니다.

【여는 질문】

Q. 'Happy things' 노래를 들어보았습니다. 이 노래 가사처럼 상상만 해도 기

분 좋아지는 향기가 있나요?

서클 진행

Q1. 최근에 나를 기분 좋게 해주었던 사람을 소개해 주세요.

Q2. 최근에 내가 누군가를 기분 좋게 해주었던 일은 무엇인가요? 경험을 나누

어 주세요.

Q3. 현재 나의 모습에 영향을 많이 준 사람이 있다면 누구일까요?

Q4. 지금까지 살아오면서 나를 온전히 포용해 주었던 사람이나 경험을 이야

기해 주세요.

Q5. '나는 너의 환경이다'라는 말이 있습니다. 우리는 누군가에게 환경이 되고

영향을 주고받으며 살아갑니다. 나는 타인에게 어떤 환경이나 영향을 주

는 사람이 되고 싶은가요?

서클 닫기

【닫는 활동】

나는 타인에게 어떤 사람으로 기억되고 싶은가요? '(이름)은 ~한 사람이

다'로 캘리페이퍼에 적은 후 소개해 주세요.

건강한 공동체 다지기 서클

서클의 대상: OO중학교 참공부 학습공동체

서클의 주제: 공동체 안에서의 자기 돌봄

서클의 목표: 좋은 공동체에 대해 알아보고 우리 공동체에 적용해 본다.

센터피스: 목각 사람 인형, 하트 볼, 줄 전구 조명

센터피스의 의미: 여러 공동체와 공동체 안의 따뜻함을 의미한다.

토킹피스: 팬데믹 시기에 참여자의 안전을 위해 토킹피스를 사용하지 않는다.

준비물: 호버만의 구, 포스트잇, 네임펜

서클로의 초대

서클에 오신 여러분을 환영합니다. 오늘은 '우리 공동체와 나'에 관한 이야기를 해보려고 합니다. 몸과 마음을 편안하게 하고 서클에 참여해 주십시오. 이제 서클의 규칙에 따라 서클을 진행하겠습니다.

서클 열기

【여는 활동】

호버만의 구를 발로만 전달하며 떨어뜨리지 않고 한 바퀴 돌려 보겠습니다. 서로 돕고 힘을 모으는 놀이를 통해 공동체의 힘과 서로의 연결됨을 느껴보겠습니다.

【여는 질문】

Q. '공동체'하면 떠오르는 단어나 생각나는 공동체를 이야기해 주세요.

서클 진행

Q1. 우리 ○○공동체를 칭찬해 주세요. 포스트잇에 칭찬의 말을 적어 소개한 후 센터피스에 놓아 주세요.

Q2. 칭찬의 말을 들으니 우리는 참 좋은 공동체에 속해 있다는 생각이 듭니다. 이러한 ○○공동체에 속한 각각의 개인은 사실 모두 다양하고 개성이 넘칩니다. 우리 ○○공동체의 구성원들이 서로 달라서 좋은 점은 무엇인가요?

Q3. 내가 속한 다른 공동체 중 나와 깊이 연결되어 있고 나의 존재만으로도 존중받는다고 생각되는 공동체를 소개해 주세요.

Q4. 구성원을 존중하는 공동체는 그 공동체만이 가지고 있는 힘이 있는 것 같습니다. 다른 사람이 소개해 준 좋은 공동체의 특징 중에서 우리 공동체에 가져오고 싶은 좋은 점이 있다면 이야기해 주세요.

Q5. 공동체 안에서 내가 다른 사람과 좋은 관계를 맺고 잘 지낼 수 있는 나만의 비장의 무기를 소개해 주세요.

서클 닫기

【닫는 질문】

Q1. 서클의 이야기를 정리하며 '나에게 공동체란?' 무엇인지 이야기해 주세요.

Q2. 오늘까지 '나', '나와 타인', '나와 공동체'에 대해 생각하며 세 번의 서클을

진행했습니다. 마지막으로 나에게 의미 있었던 질문이나 기억나는 활동을

나눠주세요.

우리 가족 불량 서클

서클의 대상: ○○중학교 가족

서클의 주제: 소통하는 가족

서클의 목표: 서클을 통해 가족의 신뢰를 회복하고 친밀감을 강화한다.

센터피스: 가치카드, 스마일 볼, 리스, 초

센터피스의 의미: 안전하고 따뜻한 분위기를 주어 가족 구성원이 편안하게 이야기할 수 있도록 한다.

토킹피스: 하트 볼

토킹피스의 의미: 하트 볼은 사랑을 의미하며, 발화자를 알려주고 긴장을 완화한다.

준비물: 색상지^{A4}, 육각포스트잇, 유성펜, 시-'방문객'[정현종], 별지

서클로의 초대

안녕하세요? 서클에 오신 가족 여러분을 환영합니다. 부모님과 자녀들이 함께 모여서 이야기하는 시간은 정말 소중하고 꼭 필요한 시간이죠. 하지만 가족이 모여서 이야기하기가 쉽지 않은데요. 오늘, 이 서클이 서로를 잘 이해하고 표현할 수 있는 시간이 되었으면 좋겠습니다.

서클의 규칙에 따라 서클을 시작하겠습니다. 먼저, 서클을 안전한 공간

으로 만들기 위해 다음 규칙들을 지켜주세요.

첫째, 서클에서는 토킹피스를 가진 사람만 이야기할 수 있습니다. 참여자들은 모두 공평하게 시간을 나누어 씁니다. 서로가 서로를 배려해 주세요.

둘째, 모든 이의 이야기는 각자에게 소중한 이야기입니다. 상대의 이야기를 들을 때는 위로나 격려, 의견 등 전하고 싶은 마음을 잠시 멈추고 오롯이 귀 기울여 주세요.

셋째, 이 자리에서 나눈 이야기는 우리만의 비밀입니다. 서로의 경험을 존중하며 모두의 이야기가 안전하게 지켜질 수 있도록 약속해 주세요.

넷째, 서클의 시작과 끝을 함께 합니다. 우리는 서클에서 서로 연결되어 있으므로 자리를 이탈하지 말고 끝까지 함께해 주세요.

서클 열기

【여는 의식】

잠시 자신의 호흡에 집중해 보겠습니다. 편안하게 눈을 감고 숨을 조용히 들이쉬고 내쉬며 호흡합니다. 다섯 번 반복한 후 눈을 떠 주세요.

【여는 질문】

Q. 여러분을 소개해 주세요. "나는 ○○한 사람입니다"와 같이 나를 잘 표현할 수 있는 한 문장으로 소개해 주시면 됩니다.

〔나눔 후〕네. 이야기해 주셔서 감사합니다. 이름을 소개하는 것은 익숙하지만 자신을 표현하는 단어를 생각해 내는 것은 조금 어려웠을 텐데

열심히 생각해 주시고 나누어주셔서 감사합니다. 다음 질문으로 이어가
겠습니다.

서클 진행

Q1. 이 자리에 오기 위해서 포기하고 온 것이 무엇이며, 이곳에서 얻어 가고
싶은 것은 무엇인지 이야기해 주세요.

〔 나눔 후 〕 솔직하게 이야기해 주셔서 감사합니다. 여러분의 말씀처럼
이곳이 여러분에게 도움이 되는 자리이면 좋겠습니다. 그럼, 다음 이야
기를 나누어보겠습니다.

Q2. 여기에 오신 여러분은 어떤 가치를 중요하게 생각하는 사람인가요? 가치
는 우리가 살아가는 데 꼭 필요한 신념과 같습니다. 센터피스 안에 있는 가
치카드에서 자신이 중요하게 생각하는 가치를 찾아 소개해 주세요.

〔 나눔 후 〕 나의 가치를 찾아보니 가족 구성원이라도 중요하게 생각하
는 가치가 다를 수 있다는 것을 알게 되었습니다. 다른 가치를 서로 존중
하며 실천할 방법을 생각해 보겠습니다.

Q3. 우리 가족의 유쾌한 실천 선언문을 만들어 보겠습니다. 각각 다른 가치들
을 이루기 위한 실천에는 어떤 것이 있는지 생각해 보고 선언문을 한 문장
으로 만들어 주세요. 나누어 드린 종이에 크게 적어주세요.

〔 나눔 후 〕 네. 나누어 주셔서 감사합니다. 자녀들과 함께해서 그런지 재
미있고 참신한 선언문들이 만들어져서 즐거웠습니다. 집에 돌아가면 가
족이 만든 것을 잘 보이는 곳에 놓아두어도 좋을 것 같습니다. 다음 질문

을 계속해 보겠습니다.

Q4. 우리는 어떤 강점이 있는 사람일까요? 나는 어떤 것이든 할 수 있는 힘을 가진 사람입니다. 가족 구성원끼리 서로의 강점을 찾아주고 이야기해 주면 좋을 것 같습니다. 각자에게 나눠드린 종이에 자신의 강점을 먼저 쓰고, 가족 구성원이 서로 돌아가며 포스트잇에 강점을 추가로 적어 붙여주세요.

〔나눔 후〕강점을 찾아보니 많은 것을 발견할 수 있었습니다. 이러한 강점이 서로에게 힘이 되어 줄 수 있겠지요. 이 서클이 가족들과 함께 이야기 나누고 이해할 수 있는 시간이 되셨길 바랍니다.

서클 닫기

【닫는 질문】

Q. 가족과 함께 서클을 해보니 어떠했는지 소감을 말씀해 주세요.

【닫는 활동】

나누어 드린 정현종의 '방문객'이라는 시를 다 같이 낭송하면서 서클을 마치겠습니다.

〔활동 후〕여러분은 서로에게 손님입니다. 자녀들은 우리에게 온 손님입니다. 서로가 서로에게 어마어마한 존재입니다. 우리가 서로에게 환대하고 환대받는 존재이길 희망합니다.

방문객*

정현종

사람이 온다는 건

실은 어마어마한 일이다

그는

그의 과거와

현재와

그리고

그의 미래와 함께 오기 때문이다

한 사람의 일생이 오기 때문이다

부서지기 쉬운

그래서 부서지기도 했을

마음이 오는 것이다―그 갈피를

아마 바람은 더듬어 볼 수 있을

마음,

내 마음이 그런 바람을 흉내낸다면

필경 환대가 될 것이다

---

* 출처:『광휘의 속삭임』, 정현종 지음, 문학과 지성사, 2008.

좋은 아버지 서클

서클의 대상: ○○초등학교 좋은 아버지 모임

서클의 주제: 좋은 아버지

서클의 목표: 좋은 아버지에 대한 생각을 나누며 공동체를 성장하게 한다.

센터피스: 꽃, 꽃 리스, 용기성장카드

센터피스의 의미: 꽃과 꽃 리스는 환대를 의미하고, 용기성장카드로 의미 있는 삶의 방향을 제시한다.

토킹피스: 공동체 볼*, 하트쿠션

토킹피스의 의미: 공동체 볼은 공동체를 상징하고, 하트쿠션은 마음의 안정을 의미한다.

준비물: 시-'방문객'정현종, 별지 118쪽

서클로의 초대

안녕하세요? 금요일 밤 여기 모인 훌륭한 아버님들을 환영을 넘어 환대합니다. 여러분을 환대한다는 의미를 한껏 담아 센터피스를 준비했습니다. 어쩌면 낯설고 어색한 자리에 앉아서 걱정되거나 불편한 것도 있을

---

* 공동체 볼은 작은 공 여러 개가 모여 하나의 공을 이루고 있는 형태로 공동체의 의미를 가시화해 준다.

줄 압니다. 안전한 대화를 경험할 수 있게 잘 안내하겠습니다. 이곳에 몸과 마음을 온전히 함께해 주시기 바랍니다.

서클 열기

서클이란 회복적 정의 철학을 바탕으로 이루어지는 대화방식을 말합니다. 이름 그대로 동그랗게 앉아서 모두 공평하게 시간과 공간을 나누며 자신의 지혜를 나누는 안전한 대화입니다.

서클에는 약속이 있습니다.

첫째, 토킹피스를 가진 사람만 이야기합니다.

둘째, 우리 모두는 눈과 귀와 몸으로 경청합니다. 위로, 격려 또는 의견도 잠시 멈추고 상대의 이야기를 온전히 듣습니다.

셋째, 서클 안에서 나눈 각자에게 소중한 이야기는 비밀로 지켜줍니다.

마지막으로 서클의 처음과 끝을 함께 합니다.

【여는 질문】

Q1. 오늘 나의 컨디션을 날씨로 표현해 주세요.

Q2. 오늘은 불타는 금요일입니다. 이곳에 오시기 위해 내려놓은 것은 무엇인가요?

〔나눔 후〕많은 것을 내려놓고 서클에 모인 좋은 아버님들을 존경합니다. 내려놓은 것보다 더 좋은 것을 가져갈 수 있도록 의미 있는 시간을 함께 만들어 주시리라 믿습니다. 이제 오늘 서클의 주제인 '좋은 아버지'에 대해 나눠보겠습니다.

Q1. 여러분이 남편과 아빠라 불리기 전 그냥 나 자신을 떠올려 주세요. 우리 공동체에 소개하고 싶은 나를 "소싯적 나는 ~~~한 사람입니다"라고 이야기해 주세요.

〔나눔 후〕 여러분의 소싯적 모습을 나누니 뭔가 젊어진 것 같고, 서로 조금 더 알게 되어 가까워진 것 같은 느낌이 듭니다.

Q2. 두 번째 질문은 소개해 주신 나의 모습을 떠올린 채로 아이들에 대해 생각해 보겠습니다. 나에게는 좋은 점이 많이 있습니다. 그중 아이가 닮았으면 하는 장점은 무엇인가요?

Q3. 다음은 우리 아이의 좋은 점을 찾아보려고 합니다. 평소에 공개적으로 아이 자랑하기 어려우시죠? 팔불출이라 말하기도 하고요. 하지만 오늘 이 서클에서는 우리 아이의 좋은 점이 무엇인지 실컷 이야기해 주세요.

〔나눔 후〕 이야기를 나누면서 표정이 엄청 더 밝아지셨어요. 다른 사람의 자랑을 들을 때 '내 아이에게도 있는데 놓치고 있었구나'라고 생각나기도 하시죠? 그러면서 나를 닮았어도 닮지 않았어도 존재 자체로 아이들은 훌륭하다는 걸 다시 느낍니다. 이렇게 훌륭한 아버지들과 훌륭한 아이들이 함께 성장하는 과정을 더 깊이 이야기해 보겠습니다.

Q4. 좋은 아버지로 살고자 내가 사용하고 있는 비장의 기술은 무엇인가요? 여러분은 각자 나만의 기술을 가지고 있으리라 생각합니다. 우리 함께 더 멋진 아버지가 될 수 있도록 서로 공유해 주십시오.

〔나눔 후〕좋은 정보들과 좋은 가치를 나눠주셔서 감사합니다.

Q5. 오늘은 10월의 마지막 금요일입니다. 올 한 해도 열심히 사신 여러분이 올 해가 가기 전에 하고 싶은 일 또는 이루고 싶은 일은 무엇인가요?

Q6. 앞으로 내가 '좋은 아빠 모임' 공동체와 함께 해보고 싶은 것은 무엇인가요?

〔나눔 후〕여러분의 소망들이 모두 이루어지기를 응원하겠습니다.

서클 닫기

【닫는 질문】

Q. 오늘 어떠하셨나요? 여러분과 함께 나눈 이 시간이 매우 감사한 시간이었습니다. 서클을 처음 경험하시고 함께 만들어 주신 여러분의 소감을 나눠 주세요.

〔나눔 후〕감사합니다. 마지막으로 우리가 서로에게 환대의 의미가 되길 바라며, 함께 시를 읽고 마치겠습니다.

공동체 놀이로 하는 자녀와 아빠의 소통

서클의 대상: OO교육지원청 관내 초·중학교 자녀와 아빠

서클의 주제: 상호 이해와 소통

서클의 목표: 사춘기를 앞둔 아이와 아빠가 서로 이해하는 시간을 갖고, 건강한 관계를 만들 수 있다.

센터피스: 기린 인형, 목각 사람 인형, 용기성장카드, 알전구, 하트쿠션, 손뜨개 사과

센터피스의 의미: 자녀에 대한 부모의 사랑과 용기를 의미한다.

토킹피스: 호버만의 구, 스마일 볼

토킹피스의 의미: 긴장을 완화해 주고 참여자들이 자연스럽게 이야기하도록 돕는다.

준비물: 명찰 시트지, 포스트잇, 네임펜, 클리커, 인터뷰 질문지[별지]

서클로의 초대

○○교육지원청에서 마련한 '공동체 놀이로 하는 자녀와 아빠의 소통' 서클에 오신 것을 환영합니다. 오늘은 공동체 놀이를 하며 서로 친밀한 관계를 만들고, 서클로 이야기하며 평소에 나누지 못했던 깊은 이야기를 나누어 보려고 합니다. 열린 마음을 갖고 적극적으로 참여해 주세요. 지금부터 서클의 규칙에 따라 서클을 시작하겠습니다.

서클 열기

【여는 질문】

Q1. 호버만의 구로 지금 나의 컨디션 점수$^{1\sim10}$를 간단히 표현해 주세요.

Q2. 오늘 서클에 편안하게 참여하기 위해 모두에게 알리고 싶은 중요한 것이 있다면 이야기해 주세요.

서클 진행

【주제 활동 1】

자녀 그룹과 아빠 그룹으로 구분하여 별도의 장소에서 다른 프로그램을 진행한다.

−−−−−−−−−−−−−−− 《 자녀 그룹 》 −−−−−−−−−−−−−−

공동체 놀이 1. 분다~ 분다~ 바람이 분다~~

1. 인원 수보다 1개 적게 의자를 놓고 동그랗게 앉는다.

2. 처음은 진행자가 술래이다.

3. 술래는 원의 가운데 서서 양손을 좌우로 흔들며 "분다, 분다, 바람이 분다. ~한 사람에게 바람이 분다"라고 조건을 말한다.

   예) "분다, 분다, 바람이 분다. 안경 낀 사람에게 바람이 분다."

4. 해당하는 사람은 빈자리로 이동을 해야 하고, 바로 옆으로는 이동할 수 없다.

5. 자리에 못 앉는 사람이 술래가 된다.

공동체 놀이 2. 몸으로 하는 가위바위보

　　1. 가위: 어깨 옆으로 양손으로 브이[V] 표시하기

　　2. 바위: 발 모으고 머리 위로 큰 동그라미 표시하기

　　3. 보: 양팔을 양옆으로 뻗기

공동체 놀이 3. 풍선 배구

　　1. 풍선을 바닥에 떨어뜨리지 않기

　　2. 풍선은 한 번에 한 손으로만 치기

　　3. 팀원들과 호흡을 맞춰 풍선 주고받기

공동체 활동. 아빠의 이름표 만들기

　　'아빠'하면 떠오르는 감정, 생각, 가치로 아빠의 이름표를 만든다.

　　예) 이동규 → 따뜻하고 다정한 아빠 이동규

－－－－－－－－－－－－－－－ 《 아빠 그룹 》 － －－－－－－－－－－－

학부모 교육. 사춘기 아이와 소통하는 방법

　　사춘기는 자녀가 부모에게서 독립할 준비를 하는 시기이다. 이때 부모는
자녀에게 지나친 간섭과 부정적 피드백을 지양하고, 애정 어린 관심으로
긍정적 피드백을 지향한다.

공동체 활동. 자녀의 이름표 만들기

　　나의 자녀를 떠올리며 감정, 생각, 가치로 자녀의 이름표를 만든다.

　　예) 이승우 → 귀엽고 활발한 이승우

【주제 활동 2】

자녀 그룹과 아빠 그룹이 모여 주제 활동과 서클을 진행한다.

공동체 활동 1. 의미 있는 이름표 선물하기

각각의 그룹에서 만들어 온 이름표를 자녀와 아빠가 서로에게 붙여주며 의미를 이야기한다.

Q. 나에게 부여된 의미 중에 가장 마음에 들었던 단어는 무엇인가요?

공동체 활동 2. 피카소 그림 그리기

1. 네임펜과 포스트잇 3장을 받는다.

2. 자녀와 아빠가 포스트잇을 보지 않고 서로의 얼굴을 그린다.

3. 얼굴 그림에 상대방의 느낌을 긍정의 단어로 적은 후 포스트잇을 교환한다.

4. 자유롭게 두 명을 더 만나 동일한 활동을 진행한다.

Q. 나의 얼굴 그림 3장 중 가장 마음에 드는 그림과 칭찬의 글은 무엇인가요? 이유도 설명해 주세요.

공동체 활동 3. 클리커 게임*

1. 두 사람이 짝이 되어 한 사람은 안내자, 한 사람은 술래가 된다.

2. 술래는 미션의 내용이 들리지 않는 곳에서 대기하고, 안내자는 미션을 정하고 모든 사람들과 공유한다.

---

* 본 놀이는 동물매개 집단상담 프로그램 중 클리커를 활용한 긍정 강화 훈련을 응용하여 개발된 공동체 놀이입니다. 자녀의 긍정적 행동은 칭찬을 통해 강화하고, 잘못된 행동에는 무언의 피드백과 기다림으로 반응함으로써 긍정적 행동이 자연스럽게 증진되도록 돕습니다.

예) 의자에 앉기, 물 마시기, 만세 하기 등

3. 술래가 들어오면 안내자는 클리커를 이용하여 술래가 미션을 완수할 수 있도록 독려한다. 클리커는 술래가 미션 내용과 관계된 행동을 할 때만 클릭한다.

4. 미션을 성공하면 클리커 소리를 여러 번 들려주어 성공을 알리고 모든 사람들은 축하의 박수를 친다.

Q. 클리커 게임처럼 나를 행동하게 만드는 긍정적인 사인은 무엇인가요?

공동체 활동 4. 우리들의 연결고리

1. 인터뷰 활동지를 이용해 자녀와 부모가 서로를 인터뷰한다.

2. 인터뷰한 내용을 바탕으로 우리들의 공통점을 찾아 비밀 사인을 만든다.

Q1. 인터뷰한 내용 중 새롭게 알게 된 것을 간단히 소개하고, 공개 가능한 비밀 사인도 우리에게만 살짝 알려주세요.

Q2. 오늘 이 시간을 마치고 나면 먹고 싶은 것은 무엇인가요?

서클 닫기

【닫는 질문】

Q. 오늘 활동을 마무리하며, 새롭게 알게 된 점이나 느낀 점을 소감으로 나눠주세요.

> Tip 참여자가 많아 주제활동 2를 소서클로 진행한 경우 전체 서클로 모여 마무리한다.

인터뷰 활동지

너랑 나랑 인터뷰 – 아빠에게 물어보세요			
😊 좋아하는 것		😠 싫어하는 것	
음식	행동	음식	행동
단어	장소	단어	장소

- -

너랑 나랑 인터뷰 – 자녀에게 물어보세요			
😊 좋아하는 것		😠 싫어하는 것	
음식	행동	음식	행동
단어	장소	단어	장소

서클의 가치 실천 서클

환영과 기대

서클의 대상: OO중·고등학교 학부모

서클의 주제: 환대

서클의 목표: 새로운 서클의 시작을 축하하고 서로를 환영한다.

센터피스: 꽃

센터피스의 의미: 축하와 환영을 의미한다.

토킹피스: 하트 볼

토킹피스의 의미: 소통을 위한 따뜻하고 열린 마음을 의미한다.

준비물: 시-'나 하나 꽃 피어'^{조동화}, 별지, 캘리페이퍼, 네임펜

서클로의 초대

서클에 오신 것을 환영합니다. 우리는 앞으로 매월 한 번씩 서클로 모여 이야기 나누고자 합니다. 오늘은 그 첫 번째 서클로 주제는 '환영과 기대'입니다. 우리가 이 공간에 현존하기 위해 분주한 생각과 걱정 등 모든 방해물을 내려놓고 온전히 서클에 참여해 주세요. 지금부터 서클의 규칙에 따라 서클을 진행하겠습니다.

<h2 align="center">서클 열기</h2>

【여는 질문】

Q. 등가교환의 법칙이라는 것이 있습니다. 토요일 아침 여러분이 이곳에 오기 위해 내려놓은 것과 얻고자 하는 것은 무엇인가요?

<h2 align="center">서클 진행</h2>

Q1. 오감으로 나를 체크해 보고 서로를 알아갈 수 있는 시간을 갖도록 하겠습니다. 눈, 귀, 코, 입, 손 각각의 감각으로 내가 가장 좋아하는 것을 모두에게 소개해 주세요.

Q2. 우리가 꽃이라면 당신은 어떤 꽃인가요?

〔나눔 후〕조동화의 시 '나 하나 꽃 피어'를 낭송해 보겠습니다.

우리가 얼마나 의미 있고 아름다운 존재인지 느껴보았습니다. 공동체 안에서 우리 각자가 꽃 피어 꽃밭이 되는 상상만으로도 행복해집니다.

Q3. 당신이 가득 또는 우리가 가득 핀 이곳, 우리의 서클에 초대하고 싶은 사람은 누구인가요? 이유도 함께 이야기해 주세요.

<h2 align="center">서클 닫기</h2>

【닫는 활동】

우리는 앞으로 서클의 가치를 주제로 이야기 나누겠습니다. 서클에서 나누고 싶은 이야기를 캘리페이퍼에 적어주세요. 여러분의 의견을 수렴하여 함께 서클을 만들어 가겠습니다.

Q. 오늘의 서클에서 내가 얻어가는 보석^{지혜}은 무엇인가요?

나 하나 꽃 피어*

조동화

나 하나 꽃 피어

풀밭이 달라지겠느냐고 말하지 말아라

네가 꽃 피고 나도 꽃 피면

결국 풀밭이 온통 꽃밭이 되는 것 아니겠느냐

나 하나 물들어

산이 달라지겠느냐고도 말하지 말아라

내가 물들고 너도 물들면

결국 온 산이 활활 타오르는 것 아니겠느냐

---

* 출처: 『나 하나 꽃 피어』, 조동화 지음, 초록숲, 2013.

포용

서클의 대상: OO중·고등학교 학부모

서클의 주제: 포용

서클의 목표: 서클에서 포용을 경험하고, 삶에서 실천할 수 있는 토대를 마련한다.

센터피스: 초, 가치성장카드, 털실

센터피스의 의미: 초를 밝히고 가치성장카드를 배치하여 빛과 가치로 서클 공간을 채운다.

토킹피스: 캥거루 인형, 무릎담요, 하트쿠션, 털실

토킹피스의 의미: 새끼를 품고 있는 캥거루 인형과 무릎담요는 포용을 의미한다.

준비물: 음악-'무릎'아이유

서클로의 초대

서클에 오신 여러분을 환영합니다. 오늘은 '포용'을 주제로 대화해 보겠습니다.

회복적 정의 철학을 바탕으로 한 서클에서 '포용'의 의미를 살펴보면,

① 이해관계 당사자들을 모두 적극적으로 끌어안으려 하는 것

② 타인의 의견을 존중하고 법이나 상황이 그렇지 않더라도 최선을 다해

타인의 생각을 최종 결론에 포함하려 노력하는 것

③ 누군가를 따로 떼어놓지 않고 모두를 끌어안는 관용 정신

이라고 합니다.

이 시간 서클을 통해 포용의 의미를 새롭게 알게 되길 희망합니다.

이제 우리가 이 공간에 현존하기 위해 분주한 생각과 걱정 등 모든 방해물을 내려놓고 온전히 서클에 참여해 주세요. 지금부터 서클의 규칙에 따라 서클을 진행하겠습니다.

서클 열기

【여는 의식】

먼저 컨디션을 체크해 보겠습니다. 1분간 숨을 고르면서 자신의 몸을 토닥여 주세요. 어깨, 가슴, 다리까지 토닥이면서 지금 나의 컨디션을 체크해 보면 좋겠습니다.

【여는 질문】

Q. 오늘 서클에 함께 하게 된 기분이나 기대를 다섯 글자로 말해주세요.

서클 진행

Q1. 지금까지 살아오면서 나를 온전히 포용해 주었던 사람이나 경험을 소개해주세요.

Q2. 내가 더욱 포용적인 사람이 되기 위해 더해져야 할 것은 무엇인가요?

Q3. 내가 더욱 포용적인 사람이 되기 위해 빼야 할 것은 무엇인가요?

Q4. 우리는 언제 더 너그러워질까요? 내가 더욱 포용하게 되는 때는 언제일까요?

Q5. 나의 포용의 한계를 넘어 더욱 포용하고 싶은 사람이나 유지하고 싶은 공동체가 있다면 소개해 주세요.

서클 닫기

【닫는 질문】

Q. 포용에 관한 이야기를 나누다 보니 여러분 모두 더욱 포용적인 사람이 된 것 같습니다. 처음보다 포용적인 사람이 된 지금의 기분은 어떠하신가요? 서클을 마무리하는 지금 포용의 온도는 몇 도인가요?

【닫는 활동】

아이유의 노래 '무릎'을 함께 들으며 서로의 온기를 나누는 시간을 가져보겠습니다. "당신을 마음 깊이 포용합니다"라고 말하며 서로를 안아주세요.

정직

서클의 대상: OO중·고등학교 학부모

서클의 주제: 정직

서클의 목표: 서클의 가치인 정직을 탐색하여, 자신과 공동체를 변화시킨다.

센터피스: 용기성장카드, 꽃, 깃털

센터피스의 의미: 카드를 활용하여 가치를 시각화한다.

토킹피스: 거울

토킹피스의 의미: 거울은 정직함을 의미한다.

준비물: 음악-'봄눈'루시드 폴, 캘리페이퍼, 네임펜, 메모꽂이

서클로의 초대

서클에 오신 여러분을 환영합니다. 오늘 서클의 주제는 '정직'입니다. 회복적 정의를 바탕으로 한 서클에서 정직은 조금 다른 의미가 있습니다.

정직은 자기의 생각, 느낌, 행위에 솔직한 것에서 시작됩니다. 자신의 관점을 고집하지 않고 더 깊은 진실을 찾아내기 위해 터놓고 문제를 드러내어, 마음속 세상을 보여주며 대화하는 것입니다. 서클에서 정직은 강력할수록 큰 변화를 일으킵니다. 정직은 공동체가 새로운 관계를 맺을

수 있도록 기초가 되어줍니다.

이번 서클을 통해 정직을 경험하여 우리 공동체가 새로운 관계를 맺는 시간이 되길 희망합니다. 이제 우리가 이 공간에 현존하기 위해 분주한 생각과 걱정 등 모든 방해물을 내려놓고 온전히 서클에 참여해 주세요. 지금부터 서클의 규칙에 따라 서클을 진행하겠습니다.

서클 열기

【여는 의식】

루시드 폴의 노래 '봄눈'을 잠시 듣겠습니다.

【여는 질문】

Q. 자기소개와 함께 지금 현재 컨디션 점수[1~10]를 이야기해 주세요. 그리고 컨디션 점수에 대한 이유도 설명해 주세요.

서클 진행

Q1. 최근 '나 되게 정직한 사람이구나' 혹은 '정직하길 잘했어'라고 느낀 사건이나 경험을 나눠주세요.

Q2. 앞서 나눈 이야기와 같이 우리는 자신에게 정직하기도 하지만 대부분의 정직함은 관계 안에서 경험하게 됩니다. 내가 가장 정직할 수 있는 공동체는 어디일까요? 그리고 이유가 무엇일까요? 공동체는 2인 이상을 뜻합니다.

Q3. 이번에는 내가 정직하기 힘들었던 공동체를 떠올리고, 내가 정직하기 어

려웠던 이유를 말해주세요.

Q4. 그렇다면 내가 공동체 안에서 존중의 가치를 지키며 정직을 우선해야 하는 상황은 언제인가요?

Q5. 나의 정직함을 성장시킬 가치는 무엇일까요? 가치카드에서 골라 설명해 주세요.

서클 닫기

【닫는 질문】

Q. 오늘 나눈 이야기를 참고해서 나만의 '정직' 가치카드를 만들어 소개해 주세요. 소개 후 메모꽂이에 꽂아 주세요.

> Tip 나만의 '정직' 가치카드를 만들 때 정직의 가치에 관한 예시를 들어주면 좋다.
>
> [예] 잘 모르는 것에 대해 아는 척하지 않기

공유

서클의 대상: OO중·고등학교 학부모

서클의 주제: 공유

서클이 목표: 서클을 통해 공유의 의미를 알고, 진정한 나눔을 실천할 수 있다.

센터피스: 공유를 의미하는 상징물, 깃털

센터피스의 의미: 모두 함께 서로의 이야기를 공유함을 의미한다.

토킹피스: 깃털, 하트 볼, 호버만의 구

토킹피스의 의미: 발화자를 알려주며 긴장을 완화한다.

서클로의 초대

서클에 오신 것을 환영합니다. 오늘 서클의 주제는 '공유'입니다.

공유는 다른 사람과 함께 무엇을 나누려면 자신을 그 사람에게 열어놓고 서로의 관계가 발전하는 대로 두는 것입니다. 공유라는 가치를 통해 다른 사람을 통제하려 하지 않고, 자신이 가진 힘을 내려놓으면 진정한 나눔이 시작됩니다. 공유를 하면 힘과 책임은 그것들을 행사할 수 있는 가장 좋은 위치에 있는 사람에게로 자연스럽게 흘러갑니다.

서클에서 말하는 공유의 의미를 새롭게 알아보는 시간이 되길 바랍니다.

이제 우리가 이 공간에 현존하기 위해 분주한 생각과 걱정 등 모든 방해물을 내려놓고 온전히 서클에 참여해 주세요. 지금부터 서클의 규칙에 따라 서클을 진행하겠습니다.

서클 열기

【여는 질문】

Q. 한 달 동안 자신에게 있었던 가장 큰 이슈를 소개해 주세요.

서클 진행

Q1. '공유'를 이야기할 때 '자신을 열어놓고 서로의 관계가 발전하는 대로 두어야 한다'라고 하는데 이 말은 어떤 의미일까요?

Q2. 자신을 열어놓는다고 했는데 나는 나 자신을 얼마나 개방하고 있나요?

Q3. 내가 공유의 의미로 흘려보낸 것들이 다른 사람에게 좋은 영향을 미칠 수 있다면 정말 좋은 나눔이 될 것 같습니다. 내가 다른 사람에게 흘려보내고 싶은 것은 무엇이 있나요?

Q4. 다른 사람에게 공유 받은 것 중 기억에 남는 경험이 있다면 나눠 주세요.

Q5. 오늘 공유에 대해 새롭게 알게 되었습니다. 우리 ○○공동체 안에 흘렀으면 하는 공유는 무엇인가요?

서클 닫기

【닫는 질문】

Q. 오늘 서클의 소감을 나누어 주세요.

겸손

서클의 대상: ○○중·고등학교 학부모

서클의 주제: 겸손

서크의 목표: 겸손이라는 가치를 통해 개인의 독특함을 인정하고 이해와 수용의 기쁨을 안다.

센터피스: 국화, 낙엽, 알전구

센터피스의 의미: 겸손의 계절인 가을을 표현하였다.

토킹피스: 털실, 깃털

토킹피스의 의미: 발화자를 알려주며 긴장을 완화한다.

준비물: 시-'가을이 나를 보고'나태주, 별지, 얀테의 법칙별지

서클로의 초대

서클에 오신 것을 환영합니다. 오늘 서클의 주제는 '겸손'입니다.

겸손은 다른 사람이 지닌 독특함을 그대로 인정하는 것입니다. 또한 자신의 한계를 인정할 때 더욱 겸손해집니다. 겸손하면 다른 사람의 타고난 가치와 자신의 한계를 쉽게 발견할 수 있습니다. 그래서 더욱 성숙해지고 공동체와 가까워집니다. 오늘 서클에서 말하는 겸손의 의미를 새롭게 알아보는 시간이 되시기 바랍니다. 이제 우리가 이 공간에 현존하기

위해 분주한 생각과 걱정 등 모든 방해물을 내려놓고 온전히 서클에 참여해 주세요. 지금부터 서클의 규칙에 따라 서클을 진행하겠습니다.

서클 열기

【여는 활동】

나태주 시인의 '가을이 나를 보고'를 함께 읽어보겠습니다.

【여는 질문】

Q. 가을이 깊어가는 10월의 마지막 토요일, 현재 나의 SNS 상태 메시지는 무엇입니까?

서클 진행

Q1. 서클에서는 겸손을 다른 사람의 독특함을 그대로 인정하는 것으로 표현하고 있습니다. 스스로 인정하고 있는 나의 독특함은 무엇인가요?

Q2. 나의 독특함을 인정한 겸손의 시선으로 배우자의 독특한 점을 떠올려 주세요. 그리고 배우자에게서 깨달은 지혜는 무엇인가요?

Q3. 참아주는 것은 겸손과 다릅니다. 배우자와의 관계에서 겸손의 가치가 필요한 순간은 언제라고 생각하나요?

Q4. 겸손의 마음으로 내 아이에게 배울 점은 무엇인가요?

Q5. 겸손의 마음으로 내가 속한 공동체에서 수용하고 싶고 이해하고 싶은 독특함은 무엇인가요?

Q6. 공동체 안에서는 어떤 순간에 겸손이 더 필요할까요?

Q7. 주말 동안 겸손을 실천할 수 있는 구체적인 대상자와 방법을 나눠주세요.

【닫는 질문】

　Q. 오늘 겸손의 가치를 적용해 얻은 것은 무엇인가요?

【닫는 활동】

　'얀테의 법칙'*을 함께 읽으며 오늘의 서클을 마무리하겠습니다.

---

* 덴마크를 비롯해 스칸디나비아 지역 등 북유럽에서 전수되어 온 덕목으로, '보통사람의 법칙'이라고도 불린다. 얀테의 법칙은 자기 자신이 남들보다 특별하거나 지나치게 뛰어난 사람이라고 생각해서는 안 된다는 것이다.
　여기서 얀테는 덴마크 출신 노르웨이 작가인 악셀 산데모세가 1933년에 발표한 소설 『도망자, 그의 지난 발자취를 따라서 건너다(*A Fugitive Crosses His Tracks*)』에 등장하는 가상의 덴마크 마을 이름으로, 이 마을은 '잘난 사람'이 대우받지 못하는 곳이다. 이 마을에서는 보통 사람들보다 똑똑하거나 잘생기면 이상한 사람 취급을 받는데, 여기에는 10개 조의 규칙이 있다.

가을이 나를 보고[*]

나태주

가을이 나를 보고

고백할 것이 있으면 고백하라 한다

죄진 것이 있으면 회개하고

빚진 것이 있으면 부채 명세서를 공개하라 한다

고백할 것이 있으면서 고백하지 않고

죄진 것이 있으면서 회개하지 않고

빚진 것이 있으면서 공개하지 않으면

청진기를 들이대겠다고

사뭇 으름장이다

가을은 돋보기 안경알 너머

나를 관찰하는 누군가의 눈,

껌벅이지 않는 눈,

너무나 맑고 비정적이고

이지적이다

가을 앞에서 나는 조그맣고 보잘 것 없는

한 마리 곤충

가을아,

잠깐만 너의 눈을 감아주지 않으련

---

[*] 출처:『슬픈 젊은 날』, 나태주 지음, 토우, 2000.

얀테의 법칙

1. 당신이 특별한 사람이라고 생각하지 마라.

2. 당신이 남들보다 좋은 사람이라고 착각하지 마라.

3. 당신이 다른 사람들보다 더 똑똑하다고 생각하지 마라.

4. 당신이 다른 사람보다 더 낫다고 자만하지 마라.

5. 당신이 다른 사람보다 더 많이 안다고 생각하지 마라.

6. 당신이 다른 이들보다 더 중요하다고 생각하지 마라.

7. 당신이 모든 것을 잘한다고 생각하지 마라.

8. 다른 사람을 비웃지 마라.

9. 다른 사람이 당신에게 관심 있다고 생각하지 마라.

10. 당신이 다른 사람에게 무엇이든 가르칠 수 있다고 생각하지 마라.

2부

서클,
공동체를 만나다

공동체 돌봄 서클

직장 안에서 소통하는 공동체 만들기 서클[*]

서클의 대상: 남성 직장인

서클의 주제: 소통과 연결

서클의 목표: 회복적 정의 철학을 이해하고 서클을 통해 경직된 공동체 분위기를 전환하여 소통하고 이해하는 공동체가 되도록 돕는다.

센터피스: 아톰 시리즈 피규어, 털실

센터피스의 의미: 아톰은 40대 남성들의 유년 시절이 떠오르게 하는 모티브이다. 털실은 서클에 함께하는 동료들과의 연결을 의미한다.

토킹피스: 하트쿠션, 깃털

토킹피스의 의미: 발화자의 긴장을 완화해 주고 참여자들이 자연스럽게 경청하도록 돕는다.

준비물: 아들 인권 선언[별지], 캘리페이퍼, 네임펜, 토닥토닥 스티커, 음악-'같이 걸을까'[이적]

서클로의 초대

오늘 서클에 참여하신 여러분 한 분 한 분을 환영합니다. 앞서 우리는 회복적 정의에 대해 알아보았습니다. 회복적 정의를 현실에서 실천할 수

---

[*] 서클을 진행하기 전 '회복적 정의의 이해' 강의를 진행하였다.

있는 것 중 하나가 '서클'입니다. 그래서 지금부터 서클을 경험해 보고자 합니다.

서클을 안전한 공간으로 만들기 위해 우리들이 지켜야 할 서클의 규칙을 알려드리겠습니다.

첫째, 토킹피스를 가진 사람만 이야기할 수 있습니다. 다른 분들은 말씀하시는 분의 이야기가 세상에서 가장 소중한 이야기라고 생각하고 들어주시기 바랍니다. 고개를 끄덕이거나 따뜻한 눈빛으로 경청을 표현해 주시기 바랍니다.

둘째, 서클의 시작과 끝을 함께 합니다. 우리는 오늘 서로가 연결되었음을 온전히 느끼게 됩니다. 이 느낌이 끊기지 않도록 서로가 서로의 연결을 소중히 여겨주시기 바랍니다.

셋째, 서클에서 나누어진 이야기는 서클 밖에서는 회자되지 않도록 합니다. 비밀유지를 부탁드립니다.

그 외 여러분이 편안하게 이야기하기 위해 우리 구성원들에게 부탁하고 싶은 것이 있으면 말씀해 주세요.

이제 서클을 통해서 여러분의 삶을 들여다보는 시간을 가져보려고 합니다. 유년 시절의 나부터 현재까지의 나를 만나보는 시간이 될 것입니다.

서클 열기

【여는 질문】

Q. 여기 센터피스를 보시겠어요? 익숙한 피규어가 있습니다. 유년 시절의 여

러분이 좋아했던 만화 주인공을 소개해 주세요.

〔나눔 후〕 각자 좋아하는 주인공과 그 이유도 매우 다양했습니다. 우리가 한 공간에 같이 있고, 같은 일을 하고 있지만 각자가 가지고 있는 생각과 취향이 다양하다는 것을 알 수 있는 시간이었습니다.

서클 진행

여러분은 모두 아버지 또는 한 성인이기 이전에 아들이라는 이름으로 이 세상에 태어났습니다. 아들이라서 좋았던 점도 있지만 아들이라서 아쉬웠던 점도 분명 있었을 것입니다. 제가 지금 나눠드린 것은 '아들 인권 선언'이라는 책에서 발췌한 내용입니다. 같이 읽어보고 이것에 대한 이야기를 나눠 보도록 하겠습니다.

Q1. '아들 인권 선언'의 내용을 보고, 마음에 드는 내용이나 추가하고 싶은 내용은 무엇인가요?

〔나눔 후〕 서로의 유년 시절에 대해서 알게 되었고 덕분에 공감과 위로의 시간이 되었습니다. 앞 질문에서 '아들로서의 나'를 이야기했다면, 이제 '지금의 나'를 중심에 두고 이야기를 나누어 보도록 하겠습니다.

센터피스를 다시 한 번 볼까요? 혹시 각각의 피규어 이름을 기억하시나요? 네. 여러분이 잘 아는 아톰, 유명한 박사, 아틀라스입니다. 유명한 박사와 아틀라스가 아톰에게 어떤 역할이었는지 기억하시나요? 유명한 박사는 아톰이 위험하고 힘들 때마다 함께 힘을 보태준 조력자였죠. 그리고 아틀라스는 아톰의 영원한 라이벌이었습니다. 나의 삶에서 조력자는 누구였으며 라이벌은 누구였는지 생각해 보겠습니다.

Q2. 나의 삶에서 '유명한 박사'와 같은 조력자는 누구입니까?

[나눔 후] 네, 말씀 감사합니다. 이야기 나눠주신 대로 조력자는 대부분 우리들 가까이에 있었네요.

Q3. 나의 삶, 나의 공동체에서 '아틀라스'는 누구입니까? 아틀라스를 라이벌이라고 이야기했지만, 아톰의 성장에 있어 가장 큰 역할을 한 것은 그래도 아틀라스였다고 생각합니다. 힘든 역경이고 넘어야 할 산이지만 그 산을 넘음으로 우리는 한 단계 더 성장합니다. 여러분의 삶에서 성장을 도와준 역경이나 산, 라이벌은 누구입니까?

[나눔 후] 나눠주신 이야기 속에서 갈등을 통해 여러분의 성장을 엿볼 수 있었습니다. 갈등은 평탄한 내 삶의 역경이자 산이라고 할 수 있습니다.

Q4. 마지막 질문입니다. 나와 동료 아톰들에게 어떤 말을 해주고 싶은가요? 응원의 말이 될 수도 있고, 위로의 말이 될 수도 있습니다. 음악이 나오는 동안 나눠드린 캘리페이퍼에 나의 이름과 응원 메시지를 쓰고 옆 사람에게 전달하여 토닥토닥 스티커를 서로에게 붙여 주세요.

[나눔 후] 감사합니다. 지금의 메시지는 앞으로, 나 그리고 같은 시대를 함께 살아가는 공동체 구성원에게 큰 힘이 될 것입니다.

서클 닫기

이제 서클을 마무리 할 시간입니다. 서로의 소감을 듣고 마무리하도록 하겠습니다.

【닫는 질문】

Q. 오늘 회복적 정의에 대한 이야기를 들었고, 실천 방법인 서클도 함께 참여했습니다. 오늘 하루가 여러분에게 어떤 하루였는지 소감을 부탁드립니다.

〔나눔 후〕바쁘신 중에 귀한 시간 내주셔서 정말 감사드립니다. 긴 시간 함께해 주시고 존중으로 이 자리를 완성해 주신 서로에게 감사를 나누며 이 시간을 마치겠습니다.

아들 인권 선언*

엘리자베스 브라미 글

아들에게는 이런 권리가 있어요.

1조. 눈물이 날 땐 울고, 위로 받을 수 있는 권리.

2조. 깔끔하고, 향기 나고, 우아하고, 차분하고, 얌전할 수 있는 권리.

3조. 인형 놀이, 소꿉장난, 엄마 아빠 놀이, 고무줄놀이, 돌차기 놀이를 할 수 있는 권리.

4조. 무언가를 만들지 못해도 되고, 못 박을 줄 몰라도 될 권리. 손이 지저분해지는 일을 싫어해도 될 권리.

5조. 연애 소설이나 시, 요정 이야기 읽기를 좋아할 권리. 영화를 보며 울 수 있는 권리.

6조. '계집아이 같다'는 말을 듣지 않으면서, 수줍음을 타고, 겁을 낼 수 있는 권리. 싸움을 좋아하지 않으며, 근육질이 아니어도 될 권리.

7조. 아기의 코를 풀어 주고, 닦아 주고, 기저귀를 갈며, 아기를 돌볼 수 있는 권리.

8조. 긴 머리, 하나로 묶은 머리, 땋은 머리, 레게 머리를 할 수 있는 권리.

9조. 매일 슈퍼 히어로가 되지 않아도 될 권리.

---

*『아들 인권 선언』, 엘리자베스 브라미 지음, 박정연 옮김, 노란돼지, 2018.

여행자 서클*

서클의 대상: 교육지원청 교육자원봉사자

서클의 주제: 공동체의 관계 증진

서클의 목표: 교육봉사의 의미를 되새기고 봉사에 대한 동기를 북돋는다.

센터피스: 소서클별 원형 매트, 꽃 한송이

센터피스의 의미: 환영과 응원을 의미한다.

토킹피스: 스마일 볼, 하트쿠션, 사과쿠션, 모찌 스퀴시, 작은 인형

토킹피스의 의미: 발화자를 알려주며 긴장을 완화한다.

준비물: 캘리페이퍼, 네임펜

서클로의 초대

안녕하세요? 여러분 만나서 반갑습니다. 여행자 서클에 오신 것을 환영합니다. 유쾌한 질문들과 깊은 답변을 통해 서로를 알아가고 응원하는 시간을 마련했습니다. 지난 1년 동안 애써주신 노고에 감사하며 이 시간 우리들의 이야기를 여행자 서클로 나누어 보겠습니다.

---

* 새로운 사람들과 안전하게 관계를 형성하기 위해, 놀이와 서클을 접목한 서클컴퍼니 가치울림만의 독특한 프로그램이다. 다양하고 흥미로운 질문들과 활동을 통해 구성원 간의 상호작용을 높여 친밀한 관계를 자연스럽게 형성할 수 있도록 돕는다.

서클 열기

전체 서클로 진행한다.

【여는 질문】

Q. 올 한 해 동안 했던 자원봉사는 무엇인지 이름과 함께 소개해 주세요.

서클 진행

소서클로 진행한다.

【여행자 서클 진행 방법】

1. 공동체 놀이를 통해 5~6명으로 구성된 소서클을 4개 이상 만든다.

2. 각 소서클에 별 이름과 순번을 부여한다.

3. 각 별에서 여행자 선정 질문에 해당하는 한 명씩 여행자로 뽑고 진행자의 재량에 따라 인터뷰 후 다음 번호의 별로 각각 이동시킨다.

4. 이동이 완료되면 여행자부터 나눔 질문으로 서클을 진행한다.

5. 진행자의 재량에 따라 3과 4를 반복하여 진행하고, 간단한 공동체 놀이를 추가할 수 있다.

Q1-1. 〈여행자 선정 질문입니다.〉 오늘 가장 일찍 일어난 사람이 여행자입니다. 여행자로 선정된 분은 토킹피스를 가지고 다음 별로 이동해 주세요.

Q1-2. 서클 나눔 질문입니다. 내 이름의 뜻을 소개해 주세요.

Q2-1. 〈여행자 선정 질문입니다.〉 가장 특이한 음식을 먹어본 사람이 여행자

입니다. 여행자로 선정된 분은 토킹피스를 가지고 다음 별로 이동해 주세요.

Q2-2. 서클 나눔 질문입니다. 교육봉사를 시작한 계기는 무엇인가요?

O3-1. 〈여행자 선정 질문입니다.〉 머리카락 길이가 가장 긴 사람이 여행자입니다. 여행자로 선정된 분은 토킹피스를 가지고 다음 별로 이동해 주세요.

Q3-2. 서클 나눔 질문입니다. 교육봉사를 하며 재밌거나, 보람되거나, 인상 깊었던 이야기를 나눠 주세요.

Q4-1. 〈여행자 선정 질문입니다.〉 오늘을 기준으로 생일이 가장 가까운 사람이 여행자입니다. 여행자로 선정된 분은 생일 축하를 받으며 토킹피스를 가지고 다음 별로 이동해 주세요.

Q4-2. 서클 나눔 질문입니다. 교육봉사를 하며 실망하고, 슬펐던 경험을 나눠 주세요. 이러한 경험에도 불구하고 내가 봉사를 지속하는 이유도 함께 나눠 주세요.

Q5-1. 〈여행자 선정 질문입니다.〉 한 번도 이동하지 않은 사람이 여행자입니다. 여행자로 선정된 분은 토킹피스를 가지고 다음 별로 이동해 주세요.

Q5-2. 서클 나눔 질문입니다. 수고한 동료에게 전하는 따뜻한 격려의 메시지를 나눠드린 캘리페이퍼에 적어주세요. 격려 메시지를 소개한 후 오른쪽 옆 동료에게 전해 주세요.

서클 닫기

전체 서클로 진행한다.

【닫는 질문】

Q. 오늘 함께 하신 서클에 대한 소감을 나눠 주세요.

【닫는 활동】 '우분투' 영상 보기

오늘 우리가 모인 의미를 담은 영상을 같이 보겠습니다.

〔활동 후〕 '네가 있기에 내가 있다'라는 우분투의 의미처럼 타인의 행복을 위해 시간과 열정을 내어 봉사해 주셔서 감사합니다. 내년에도 잘 부탁드립니다.

마을공동체지원센터 홈커밍데이

서클의 대상: 마을공동체 활동가

서클의 주제: 기대와 연결

서클의 목표: 새로 지어진 마을공동체지원센터를 활용하여 마을공동체 사업을 지원하고, 서로 연대하도록 돕는다.

센터피스: LED 초, 가치카드, 키즈 패턴 가랜드, 벌새 인형, 이끼 테라리움

센터피스의 의미: 서로를 따뜻하게 맞이하며, 활동가들의 연대와 협력을 상징하였다.

토킹피스: 호버만의 구

토킹피스의 의미: 발화자를 알려주며 긴장을 완화한다.

준비물: 명찰, 네임펜, 명함 카드[1인당 3장], 명찰, 이끼 테라리움 DIY 구성품

서클로의 초대

○○시 마을공동체지원센터 홈커밍데이에 오신 것을 환영합니다. ○○시 마을공동체를 위한 거점공간에서 공동체 선후배 활동가와 함께 이야기 나누는 시간을 마련했습니다. 오늘 서클을 통해 이 공간을 잘 활용하여 서로 연대할 수 있는 진솔한 소통의 시간이 되길 바랍니다. 서클의 규칙에 따라 서클을 진행하도록 하겠습니다.

서클 열기

전체 서클로 진행한다.

【여는 질문】

Q. 지금 나의 컨디션 점수는 몇 점인가요? 1점에서 10점까지 호버만의 구로
표현해 주세요.

【여는 활동】 명함 만들기

1. 3장의 명함 카드를 나누어 줍니다.

2. 카드 앞면에 공동체를 소개하는 이미지와 문장을 간단하게 적습니다.

3. 뒷면에는 공동체 이름, 나의 이름, 연락처를 적습니다.

4. 나머지 2장을 동일하게 작성합니다.

5. 완성된 명함을 선배는 후배와 후배는 선배와 나누며 나의 공동체 사업
을 소개합니다.

【공동체 놀이 1】 손님 모셔오기

1. 의자를 사람 수보다 1개 더 많게 하여 원형으로 앉습니다.

2. 의자가 비어있는 곳 양 옆에 앉은 사람들이 술래가 됩니다.

3. 음악이 시작되면 두 사람이 손을 잡고 함께 가서 앉아 있는 사람 중 무
작위로 1명의 손을 잡고 비어있던 의자로 모셔옵니다.

4. 빈 의자의 양쪽 옆 사람이 짝이 되어 빠르게 일어납니다.

5. 다시 손님을 모시고 오기를 반복합니다.

6. 음악이 끝날 때 서 있는 사람이 다음 술래가 됩니다.

【공동체 놀이 2】이유 있는 사랑 고백

1. 의자를 사람 수보다 1개 더 적게 하여 원형으로 앉습니다.

2. 술래 한 명이 원 가운데에 섭니다.

3. 전체는 술래에게 '당신은 어떤 이웃을 사랑하십니까?'라고 질문합니다.

4. 술래는 참여자들을 관찰하고 '빨간 옷을 입은 사람을 사랑합니다'와 같이 대답합니다.

5. 대답에 해당하는 사람은 모두 일어나 자리를 바꿉니다.

6. 술래도 이때 빈자리에 가서 앉습니다. 원래 자리에 앉아 있거나 자리에 앉지 못한 사람이 다음 술래가 됩니다.

서클 진행

깊이 있는 대화를 위해 소서클로 진행한다.

【소서클】

- 센터피스: 이끼 테라리움, LED 초
- 토킹피스: 스마일 볼
- 준비물: 이끼 테라리움 DIY 구성품

【공동체 활동】이끼 테라리움 만들기

나눠드리는 이끼 테라리움 재료로 우리 공동체를 표현해 주세요.

Q1. 이끼 테라리움으로 표현한 나의 공동체를 소개하고 센터피스에 놓아 주

세요.

Q2. 아침에 이곳으로 오면서 들었던 불안이나 염려가 있었다면 무엇인가요?

그리고 여러 가지 활동 후 지금 나의 상태는 어떠한가요?

Q3. 이 공간에서 해보고 싶은 것은 무엇이 있나요?

Q4. 오늘 새로 만난 활동가들에게 도움받고 싶은 것은 무엇인가요?

Q5. 오늘 많은 만남이 있었습니다. 새로운 공간과의 만남, 공동체 구성원들과의 만남, 서클과의 만남 등 여러분이 오늘 만난 아름다운 것들 중 기억에 남는 것 2가지를 소개해 주세요.

서클 닫기

전체 서클로 진행한다.

【닫는 질문】

Q1. 소서클에서 나눈 이야기 중 모두와 함께 공유하고 싶은 이야기를 소개해 주세요.

Q2. 간단한 소감을 다섯 글자로 나누어 주세요.

즐기GO, 나누GO, 함께하GO

서클의 대상: 중장년 여성농업인

서클의 주제: 공동체 안에서 스스로를 돌보며 서로를 응원한다.

서클의 목표: 공동체의 안전한 대화모임을 통하여 자신을 돌보고, 회복하는 시간을 갖는다.

센터피스: 전구, 하트 볼, 낙엽, 초

센터피스의 의미: 결실의 계절 '가을'을 표현한다.

토킹피스: 손뜨개 사과

토킹피스의 의미: 삶의 열매를 의미한다.

준비물: 하트 핀, 캘리페이퍼[1인 2매], 네임펜, 선물[장갑]

서클로의 초대

안녕하세요? ○○시 여성농업인과 함께하는 고[GO]품격 대화모임에 오신 것을 환영합니다. 바쁘신 중에 참석해 주셔서 감사합니다. 오늘 이 모임은 공동체 안에서 자신을 돌보고 서로를 응원하는 시간으로 준비했습니다. 분주한 일상에 대한 생각을 내려놓고 편안한 마음으로 즐기고, 나누고, 함께하는 시간이 되길 바랍니다. 이제 서클의 규칙에 따라 서클을 시작하겠습니다.

서클 열기

【여는 질문】

Q. 오늘 컨디션 점수는 몇 점인가요? 1점에서 5점까지 점수로 표현해 주세요.

【여는 활동】 꽃다발

1. 장미, 국화, 튤립 등 5~6개의 꽃 이름을 정해 자리에 앉은 순서대로 꽃 이름을 부여한다.

2. 술래를 정하고 술래의 의자를 뺀다.

3. 다 같이 술래에게 "무슨 꽃 좋아해?"라고 외친다.

4. 술래가 꽃 이름 하나를 외치면 그 꽃에 해당하는 사람은 모두 일어나 빈자리를 찾아 앉는다. 그때 술래가 빈자리를 차지하면 서 있는 사람이 술래가 된다.

5. 두 개 이상의 꽃을 외쳐도 되고 술래가 '꽃다발'이라고 외치면 모두 일어나 자리를 바꾼다.

6. 참가자들이 좀 더 활발히 움직일 수 있도록 바로 옆자리로의 이동은 불가하며, 최소한 두 칸 이상 옆자리로 이동하게 한다.

> Tip 준비된 하트 핀은 서클 열기를 진행하는 동안 참여자들에게 선물하여 서클 안에서 참여와 활기를 북돋는다.

서클 진행

소서클로 진행한다.

Q1. 자신을 소개해 보겠습니다. 보여 드리는 감정 단어를 참고하여 자신의 별 칭을 지어 캘리페이퍼에 적어주세요.

예) 행복한 혜자

Q2. 이 자리에 오기 위해 내가 포기한 것은 무엇인가요?

Q3. 일이 아닌 것 중 최근 내가 훅 빠져서 좋아하는 것은 무엇인가요?

Q4. 모든 것이 가능한 '내 맘대로 일주일'이 주어진다면 무엇을 하고 싶은가 요?

Q5. '내가 괜찮게 살아가고 있구나'라고 느꼈던 순간은 언제인가요? 마음껏 이야기해 주세요.

Q6. "잘한다"고, "잘했다"고 칭찬받고 싶은 나에게 해주고 싶은 한마디는 무 엇인가요?

Q7. 여성농업인 공동체에서 마을을 위해 내가 해보고 싶은 것은 무엇인가요? 캘리페이퍼에 적고 이야기해 주세요.

서클 닫기

전체 서클로 진행한다.

【닫는 활동】

센터피스에 놓인 깜짝 선물을 하나씩 집어 오른쪽 옆 사람에게 선물한 다. 모두 함께 선물을 주고받으며 깊은 공감을 나눈다. 깜짝 선물인 장갑 은 한 해 동안 수고하고 애쓴 서로의 손을 따뜻하게 감싸주는 의미이다.

【닫는 질문】

Q. 오늘 함께 하신 소감을 나눠 주세요.

【닫는 의식】

김혜자 배우의 '55회 백상예술대상' 대상 수상소감 영상을 함께 보고, 눈
이 부시게 오늘을 살아갈 참가자들을 응원하며 마무리한다.

내 삶은 때론 불행했고 행복했습니다.

삶이 한낱 꿈에 불과했다지만 그래도 살아서 좋았습니다.

새벽의 쨍한 차가운 공기, 꽃이 피기 전 부는 달큰한 바람,

해 질 무렵 우러나오는 노을의 냄새…

어느 하루 눈부시지 않은 날이 없었습니다.

지금 삶이 힘든 당신,

이 세상에 태어난 이상 당신은 이 모든 걸 매일 누릴 자격이 있습니다.

후회만 가득한 과거와 불안하기만 한 미래 때문에 지금을 망치지 마세요.

오늘을 살아가세요.

눈이 부시게.. 누군가의 엄마였고, 누이였고, 딸이었고

그리고 나였을 그대들에게.

나누GO, 함께하GO, 희망하GO

서클의 대상: 중장년 여성농업인

서클의 주제: 공동체 안에서 즐거움을 나누고 새해를 기대한다.

서클의 목표: 공동체의 안전한 대화모임을 통하여 한 해를 마무리하고, 다가올 새해의 희망을 나누는 시간을 갖는다.

센터피스: 나무, 전구, 깃털, 키즈 패턴 가랜드

센터피스의 의미: 한 해를 잘 보낸 것에 대한 감사함과 따뜻하고 희망찬 새해를 의미한다.

토킹피스: 하트 볼

토킹피스의 의미: 발화자를 알려주며 말랑말랑한 촉감으로 긴장을 완화시켜준다.

준비물: 명함 카드[1인당 3장], 칼라네임펜, 선물[보석반지 사탕]

서클로의 초대

○○시 여성농업인과 함께하는 고[GO]품격 대화모임에 오신 것을 환영합니다. 추운 날씨에도 참석해 주셔서 감사합니다. 오늘 이 모임은 한 해를 감사하고 새해의 희망을 나누는 시간으로 마련했습니다. 바쁜 일상에 대한 분주한 마음을 내려놓고 따뜻한 마음으로 나누고, 함께하고, 희망하는 시간이 되길 바랍니다. 이제 서클의 규칙에 따라 서클을 시작하겠

습니다.

<h1 align="center">서클 열기</h1>

【여는 질문】

Q. 오늘 컨디션 점수는 몇 점인가요? 1점에서 5점까지 점수로 표현해 주세요.

【여는 활동】 여행자 서클(156쪽)

1. 머리카락이 제일 긴 사람이 여행자입니다.

   토킹피스를 가지고 다음 별로 이동해 주세요.

2. OO시에서 제일 오래 산 사람이 여행자입니다.

   토킹피스를 가지고 다음 별로 이동해 주세요.

3. 올해 제일 멀리 여행을 다녀온 사람이 여행자입니다.

   토킹피스를 가지고 다음 별로 이동해 주세요.

4. 같이 사는 식구가 가장 많은 사람이 여행자입니다.

   토킹피스를 가지고 다음 별로 이동해 주세요.

5. 총 결혼 기간이 제일 긴 사람이 여행자입니다.

   토킹피스를 가지고 다음 별로 이동해 주세요.

6. 올해 제일 살이 많이 빠진 다이어트 여신이 여행자입니다.

   토킹피스를 가지고 다음 별로 이동해 주세요.

7. 가장 최근 이성에게 "사랑한다"라는 말을 들어본 사람이 여행자입니
   다. 토킹피스를 가지고 다음 별로 이동해 주세요.

서클 진행

소서클로 진행한다.

Q1. 올해 내가 잘한 일은 무엇인지 이야기해 주세요.

Q2. 올해 가장 감사한 사람은 누구인지 소개해 주세요.

Q3. 올해 내가 가장 애정을 쏟은 공동체는 어디인지 이야기해 주세요.

Q4. 새해가 오면 '하지 말자'라고 생각한 것과 '꼭 하자'라고 생각한 것은 무엇인가요?

Q5. 내년에 기대하고 있는 것은 무엇인지 소개해 주세요.

Q6. 나눠드리는 명함 카드의 앞면에는 우리에게 전하고 싶은 응원 메시지를 적어주세요. 뒷면에는 나의 이름과 연락처를 적어주세요. 모든 소서클이 마무리 되면 모르는 사람들과 명함을 교환하며 인사를 나누고 응원해 주세요.

서클 닫기

전체 서클로 진행한다.

【닫는 질문】

Q. 오늘 함께 한 서클에 대한 소감을 나누어 주세요.

【닫는 활동】

모든 참여자에게 존경의 마음을 담아, 작고 반짝이는 선물을 준비한다. 참여자가 눈을 감고 손등을 위로 내밀면, 진행자는 보석 사탕 반지를 손가락에 끼워준다.

【닫는 의식】

드라마 '동백꽃 필 무렵' 마지막 회 엔딩 멘트를 읽어준다.

이 세상에서

제일 세고

제일 강하고

제일 훌륭하고

제일 장한,

인생의 그 숱하고도

얄궂은 고비들을 넘어

매일 '나의 기적'을

쓰고 있는

장한 당신을 응원합니다.

이제는 당신꽃 필 무렵

회복적 생활교육 교육자원봉사자 양성과정

라포 형성을 위한 서클

서클의 대상: 회복적 생활교육 교육자원봉사자

서클의 주제: 청소년의 이해와 라포 형성

서클의 목표: 교육대상인 청소년을 이해하고 서클을 통해 참여자들 간의 라포를 형성한다.

센터피스: 꽃바구니, 느낌카드, 털실

센터피스의 의미: 꽃바구니를 놓아 양성과정의 첫 번째 만남을 환영하고 축하한다.

토킹피스: 스마일 볼

토킹피스의 의미: 말랑말랑한 스마일 볼은 첫 시간의 긴장감을 해소해 주고, 밝은 색감과 미소는 참여자들을 편안하게 한다.

서클로의 초대

양성과정의 첫 시간에 오신 여러분을 환영합니다. 센터피스를 중심으로 동그랗게 앉아주세요. 교육 기간 동안 우리는 이렇게 서클로 대화하게 됩니다. 서클로 대화할 때는 다음 규칙을 지켜주세요.

---

* 경기도용인교육지원청 교육자원봉사센터에서 회복적 생활교육 교육자원봉사자 양성을 위해 총 9회기 과정으로 진행하였다.

첫째, 토킹피스를 가진 사람만 이야기합니다.

둘째, 모두는 눈과 귀와 몸으로 경청합니다.

셋째, 함께 나눈 소중한 이야기는 비밀로 지켜줍니다.

마지막으로 서클의 처음과 끝을 함께 합니다.

이제 서클의 규칙에 따라 서클을 시작하겠습니다.

서클 열기

【여는 질문】

Q. 오늘 첫 수업에 오시면서 긴장되는 마음과 기대하는 마음이 함께 있었을 텐데, 자기소개와 지금 여러분의 느낌을 이야기해 주세요.

서클 진행

양성과정에 참여하신 여러분들에 대해 좀 더 이야기를 나누어 보겠습니다.

Q1. 양성과정 기간 동안 사용할 자신의 별칭을 정해서 이유와 함께 소개해 주세요.

Q2. 양성과정을 통해 얻고 싶은 것이 무엇인지 이야기해 주세요.

Q3. 양성과정을 끝까지 마무리하기 위해서 나에게 필요한 것은 무엇인가요?

Q4. 양성과정 기간 동안 구성원과 강사에게 부탁하고 싶은 것은 무엇인가요?

【강의 진행】

'청소년의 이해'에 관한 강의를 진행한다.

서클 닫기

이제 서클로 앉아 오늘의 배움에 대해 함께 성찰해 보고자 합니다.

【닫는 질문】

Q. 오늘 강의를 통해 배운 것, 느낀 것, 실천하고 싶은 것이 있다면 짧은 소감
  과 함께 이야기해 주세요.

〔나눔 후〕첫 양성과정에 참여한 여러분 모두 수고하셨습니다. 오늘의
배움과 나눔을 잘 기억하시고 삶에서 실천해 보셨으면 좋겠습니다. 이것
으로 서클을 마치겠습니다.

회복적 정의 이해하기 서클

서클의 대상: 회복적 생활교육 교육자원봉사자

서클의 주제: 회복적 정의

서클의 목표: 회복적 정의를 이해하고 개인의 삶에 적용한다.

센터피스: 사진카드, 스노우 트리, 스노우 전구

센터피스의 의미: 회복적 정의의 씨앗이 자라 꽃피고 열매 맺는 모습을 표현한다.

토킹피스: 깃털, 하트쿠션, 사과쿠션

토킹피스의 의미: 헝클어져도 결을 따라 한 방향으로 쓰다듬으면 본래의 형태로
   돌아가는 깃털로 회복을 표현한다.

준비물: 꽃 모양 네임택, 네임펜

서클로의 초대

두 번째 양성과정에 참여하신 여러분을 환영합니다. 서클로 함께 이야기
나누겠습니다. 놓인 사진카드에서 자신의 기분을 잘 나타내는 카드를 찾
아 센터피스를 중심으로 동그랗게 앉아 주세요. 이제 서클의 규칙에 따
라 서클을 진행하겠습니다.

서클 열기

【여는 질문】

Q. 여러분이 오늘 어떤 기분으로 양성과정에 참여하셨는지 궁금합니다. 선택하신 사진으로 자신의 기분을 이야기해 주세요. 이야기한 후 사진카드는 센터피스에 놓아주세요.

【강의 진행】

'회복적 정의'에 관한 강의를 진행한다.

서클 진행

오늘 강의 주제인 '회복적 정의'에 대한 이야기를 서클로 나눠보도록 하겠습니다.

Q1. 회복적 정의에 대해 강의를 듣고 떠오르는 키워드는 무엇인가요?

Q2. 회복적 정의를 통해서 내 삶에 어떤 변화를 주고 싶은가요?

Q3. 회복적 정의를 배우고 난 후 이번 주에 구체적으로 실천하고 싶은 것은 무엇인가요?

서클 닫기

【닫는 활동】

네임택에 나의 실천 다짐을 적어 주세요.

> **Tip** 서클 진행자는 네임택을 모아 센터피스에 있는 스노우 트리에 걸어준다.

【닫는 질문】

Q. 오늘 수업과 서클에 대한 소감과 다짐을 간단히 소개해 주세요.

오늘 우리는 회복적 정의의 나무 한 그루를 심었습니다. 여러분의 다짐과 실천으로 예쁘게 꽃이 피었는데요. 여러분의 삶에도 회복적 정의가 자라고, 꽃 피고, 열매 맺기를 바랍니다. 수고한 모두를 격려하며 마치도록 하겠습니다.

공동체 이해하기 서클

서클의 대상: 회복적 생활교육 교육자원봉사자

서클의 주제: 공동체

서클의 목표: 서클을 통해 공동체성을 회복하여 건강한 공동체를 만든다.

센터피스: 털실, 초, 가치카드

센터피스의 의미: 털실로 서로의 연결을, 가치카드로 공동체에 필요한 가치를 표현한다.

토킹피스: 호버만의 구, 털실, 하트쿠션, 초

토킹피스의 의미: 털실은 연결을, 하트쿠션과 초는 사랑을 의미한다.

준비물: 가치카드, 캘리페이퍼, 네임펜

서클로의 초대

세 번째 양성과정에 참여하신 여러분을 환영합니다. 오늘은 '공동체'를 주제로 강의를 듣고, 서클로 이야기하겠습니다. 이제 서클의 규칙에 따라 서클을 진행하겠습니다.

서클 열기

【여는 질문】

Q. 양성과정 3주 차에 참석하고 있는 지금 나의 몸과 마음의 컨디션은 어떤가요? 점수로 표현해 주세요. 1점부터 10점까지를 기준으로 자신의 점수만큼 호버만의 구를 펼쳐서 보여주시면 됩니다.

【강의 진행】

'공동체'에 관한 강의를 진행한다.

서클 진행

깊이 있는 대화를 위해 소서클로 진행한다.

【소서클】

- 센터피스: 털실, 초, 가치카드
- 토킹피스: 털실, 하트쿠션, 초
- 준비물: 가치카드, 캘리페이퍼, 네임펜

잠시 눈을 감고 1~20까지 수를 세며 호흡을 정리해 보겠습니다.

공동체에 대한 강의 잘 듣고 오셨지요. 강의의 내용을 정리하면서 서클을 진행하도록 하겠습니다.

Q1. '행복은 타인으로부터 온다'는 말이 있어요. 이처럼 최근에 나를 행복하게 했던 사람은 누구인가요?

Q2. 내가 속한 공동체 중에 좋아하는 공동체를 떠올려보세요. 그리고 그 공동체가 좋은 이유를 이야기해 주세요.

Q3. 건강한 공동체에 필요한 가치는 무엇일까요? 가치카드 중에서 선택해 주세요. 선택한 가치를 이유와 함께 소개해 주세요.

Q4. 더욱 건강하고 좋은 공동체를 만들기 위해 내가 기여하고 싶은 것은 무엇일까요?

Q5. '공동체란 무엇인가?' 자신만의 정의를 내리고 캘리페이퍼에 적어주세요. 적은 내용은 전체 서클에서 나누겠습니다.

서클 닫기

전체 서클로 진행한다.

【닫는 질문】

Q. '공동체란 무엇인가?' 자신만의 정의를 소개해 주세요. 더불어 오늘 양성과정에 대한 간단한 소감을 나눠주세요.

〔나눔 후〕 각자 적어주신 캘리페이퍼를 센터피스에 놓아주세요. 선생님들이 계신 곳마다 건강하고 평화로운 공동체가 되길 바라며 오늘의 서클과 양성과정을 마치겠습니다.

갈등 이해하기 서클 I

서클의 대상: 회복적 생활교육 교육자원봉사자

서클의 주제: 갈등과 갈등 전환

서클의 목표: 갈등과 갈등 전환을 배우고, 회복적 질문법을 통해 갈등을 성장의 기회로 삼는다.

센터피스: 고슴도치 인형, 용기성장카드

센터피스의 의미: 평소에는 부드럽지만 위협이 느껴지면 가시를 세우는 고슴도치의 특성을 고슴도치 인형으로 시각화하여 갈등으로 표현한다.

토킹피스: 하트 볼

토킹피스의 의미: 하트 볼은 갈등을 전환시키기에 필요한 유연한 마음과 사랑을 의미한다.

준비물: 색종이, 네임펜, 바구니

서클로의 초대

네 번째 양성과정에 참여하신 여러분을 환영합니다. 오늘의 주제는 '갈등'입니다. 강의와 서클을 통해 갈등에 대하여 새롭게 알아가는 시간이 되기를 바랍니다. 이제 서클의 규칙에 따라 서클을 진행하겠습니다.

<h2 align="center">서클 열기</h2>

【여는 질문】

Q. 오늘 나의 감정을 한 문장으로 표현해 주세요.

【강의 진행】

'갈등과 갈등 전환'에 관한 강의를 진행한다.

<h2 align="center">서클 진행</h2>

깊이 있는 대화를 위해 소서클로 진행한다.

【소서클】

- 센터피스: 고슴도치 인형, 용기성장카드
- 토킹피스: 하트 볼
- 준비물: 색종이, 네임펜, 바구니

Q1. 강의를 들으며 가장 기억에 남는 말은 무엇인가요?

Q2. 가장 전환하고 싶은 갈등은 무엇인가요?

Q3. 갈등 관리를 잘 했던 경험이 있다면 나눠주세요.

Q4. 갈등을 전환하기 위해서 내가 버려야 할 것과 가져야 할 것은 무엇인가요? 색종이에 버려야 할 것을 쓰고 준비한 바구니에 버려주세요.

서클 닫기

전체 서클로 진행한다.

【닫는 질문】

Q. 오늘 새롭게 알게 된 것이나 느낀 점 등 소감을 나눠주세요.

[나눔 후] 갈등은 누구에게나 있습니다. 중요한 것은 갈등에 머무르는 것이 아니라 갈등을 바라보는 시선의 변화를 통해 나와 공동체의 평안을 만들어 가는 것입니다. 오늘의 강의와 서클이 각자의 갈등을 전환하는 계기가 되어 편안한 한 주가 되시길 희망합니다. 다음 시간에 몸도 마음도 건강하게 만나겠습니다.

갈등 이해하기 서클Ⅱ

서클의 대상: 회복적 생활교육 교육자원봉사자

서클의 주제: 갈등 대처 유형과 갈등 분석

서클의 목표: 나의 갈등 대처 유형에 대해 알아보고, 나와 당사자의 욕구를 찾아 갈등을 분석한다.

센터피스: 사진카드, 꽃, 꽃 리스, 욕구카드, 초

센터피스의 의미: 사진으로 여러 가지 갈등 상황을 시각화한다.

토킹피스: 스마일 볼, 초콜릿 바구니

토킹피스의 의미: 스마일 볼과 달콤한 초콜릿으로 감정의 전환을 돕는다.

준비물: 갈등분석 활동지^{별지}, 책갈피 캘리페이퍼, 네임펜, 초콜릿, 바구니

서클로의 초대

다섯 번째 양성과정에 참여하신 여러분을 환영합니다. 지난 시간에 우리는 갈등에 대하여 알아보았습니다. 오늘은 갈등에 대한 나의 대처 유형에 대해 알아보고, 개인의 갈등 사례를 분석하는 시간을 갖겠습니다. 이제 서클의 규칙에 따라 서클을 진행하겠습니다.

<h1 align="center">서클 열기</h1>

【여는 질문】

Q. 오늘의 여는 질문은 강의 내용과 관련되어 있습니다. 나와 갈등 관계에 있는 타인 한 명을 떠올려 주세요. 그와 나의 관계 점수를 1점에서 10점 사이로 이야기해 주세요.

> Tip 서클의 주제가 갈등에 관한 것이지만 여는 질문의 경우 너무 심각하거나 무거운 분위기로 흐르지 않게 한다. 서클에서 나누는 이야기는 부담되지 않는 선까지만 개방하도록 미리 안내한다.

【강의 진행】

'갈등 대처 유형과 갈등 분석'에 관한 강의를 진행한다.

〔강의 후〕 갈등분석 활동지 작성

<h1 align="center">서클 진행</h1>

깊이 있는 대화를 위해 소서클로 진행한다.

【소서클】

- 센터피스: 욕구카드, 초

- 토킹피스: 스마일 볼

- 준비물: 갈등분석 활동지별지, 책갈피 캘리페이퍼, 네임펜

Q1. 자신의 갈등을 분석한 내용을 입장, 실익, 욕구로 소개해 주세요.

Q2. 갈등 상황의 다양한 욕구 중 오늘 충족시키고 싶은 욕구를 위해 실천할 수
있는 것은 무엇인가요?

Q3. 질문 2의 실천사항을 책갈피 캘리페이퍼에 '자아 선언문'* 형식으로 적고
소개해 주세요.

Q4. 갈등 분석 후 나의 느낌과 새롭게 알게 된 것은 무엇인가요?

서클 닫기

【닫는 의식】 전체 서클

몸과 마음에서 무거운 갈등을 털어내고, 수고한 나를 '나비 포옹법'**으
로 토닥이는 시간을 갖겠습니다.

【닫는 질문】

Q. 마지막 질문은 기분이 가벼워질 만한 이야기를 해보겠습니다. 지금 제일
먹고 싶은 음식은 무엇인가요?

【닫는 활동】

달콤한 초콜릿을 함께 나누어 보겠습니다. 옆 사람에게 격려의 말을 하
며 초콜릿 바구니를 전달해 주세요.

---

* 자아 선언문이란, 자신의 가치, 강점, 믿음, 그리고 앞으로 어떻게 살아가고 싶은지를 스스로의 말
로 정리한 자기 다짐의 문장이다.

** 나비 포옹법이란, 양손을 교차해 어깨 위에 얹고, 가볍게 두드리는 동작을 통해 몸과 마음을 안
정시키는 자기 위로, 자기 안정화 기법이다.

갈등분석 활동지

이름: 날짜:

입장position: 겉으로 드러난 공식적으로 주장하는 것

실익interests: 주장하는 바 이면에 실제 원하는 것

욕구needs: 내면 깊이 충족되길 원하는 것

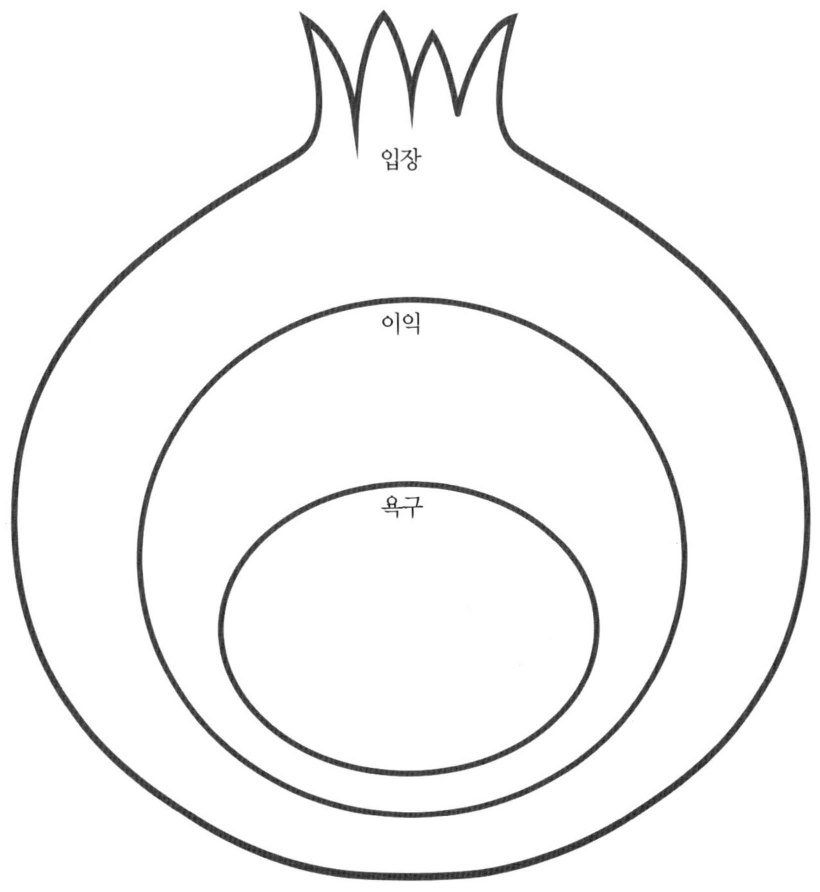

회복적 정의의 존중 이해하기 서클

서클의 대상: 회복적 생활교육 교육자원봉사자

서클의 주제: 존중

서클의 목표: 회복적 정의 철학의 기본 원리인 존중에 대해 새롭게 이해한다.

센터피스: 깃털, 용기성장카드, 소라껍데기

센터피스의 의미: 깃털은 수치심으로부터의 회복을 의미하고, 용기성장카드로 참여자들을 격려한다.

토킹피스: 소라껍데기, 마이크

토킹피스의 의미: 소라껍데기와 마이크는 존중의 태도를 널리 알림을 의미한다.

서클로의 초대

여섯 번째 양성과정에 오신 여러분 모두를 환대하고 환영합니다. 오늘은 회복적 정의의 핵심 가치인 '존중'을 주제로 하여 이야기해 보려 합니다. 이제 서클의 규칙에 따라 서클을 진행하겠습니다.

서클 열기

【여는 질문】

Q. 내가 가장 좋아하는 소리는 무엇인가요? 바람 소리, 음악소리도 좋고 칭찬

의 말, 격려의 말 등도 좋습니다.

【강의 진행】

'존중'에 관한 강의를 진행한다.

서클 진행

깊이 있는 대화를 위해 소서클로 진행한다.

【소서클】

- 센터피스: 깃털, 용기성장카드
- 토킹피스: 깃털

Q1. 나를 힘들게 했던 말과 행동은 무엇인가요?

〔나눔 후〕나에게 수치심을 불러오는 생각들이 있다면 지금 털어내 보겠습니다. 그것은 우리의 것이 아닙니다. 마음이 수치심에 머물러 있지 않도록 잠시 눈을 감고 흘려보내겠습니다.

Q2. 존중받은 경험을 이야기하며 감정을 전환해 보겠습니다. 나에게 힘을 주었던 말과 행동들을 소개해 주시고 그때의 기분과 느낌도 자세히 말씀해 주세요.

Q3. 내가 누군가를 존중했던 경험을 소개해 주세요. 존중의 말이나 행동을 구체적으로 자랑해 주세요.

서클 닫기

【닫는 질문】전체 서클

Q. 오늘 '존중'을 주제로 이야기 나누어 보았습니다. 나누어 주신 모든 이야기들이 배움이 되었습니다. 이 시간 이후 서로 존중하고 존중받는 시간이 더욱 많아지시길 바랍니다. 마지막으로 소감을 나누어 주세요.

Tip 수치심과 죄책감에 머물러 힘들어하는 참여자가 없는지 잘 살피고, 감정을 잘 추스를 수 있도록 돌본다.

자기 돌봄 경험하기 서클

서클의 대상: 회복적 생활교육 교육자원봉사자

서클의 주제: 자기 돌봄

서클의 목표: 자신에게 필요한 자기 돌봄이 무엇인지 알아차리고 자기 돌봄으로 격려와 지지를 얻는다.

센터피스: 파스텔 전구, 좋은 글귀 카드, 참여자들의 힐링 물건^{준비물로 사전 안내}

센터피스의 의미: 따뜻하고 안정된 분위기를 연출하고 자신에게 위안이 되는 물건을 센터피스로 함께 구성하여 힐링과 돌봄을 돕는다.

토킹피스: 하트쿠션, 스퀴시, 말랑한 소재로 편안함을 주는 물건들

토킹피스의 의미: 말랑말랑하고 포근한 느낌의 물건들로 편안함을 갖게 한다.

준비물: 자기돌봄 활동지^{별지}, 종이컵, 토닥토닥 스티커, 네임펜, 음악-'흰수염고래'^{YB 윤도현 밴드}

서클로의 초대

일곱 번째 양성과정에 참여하신 여러분을 환영합니다. 오늘의 주제는 '자기 돌봄'입니다. 준비물로 안내했던 자신에게 위안이 되는 물건으로 센터피스를 꾸며주세요. 이제 서클의 규칙에 따라 서클을 진행하겠습니다.

<h1 align="center">서클 열기</h1>

【여는 질문】

Q. 자신에게 위안이 되는 힐링 물건을 소개해 주세요.

【강의 진행】

'자기 돌봄'에 관한 강의를 진행한다.

〔강의 후〕'자기돌봄 활동지' 작성

<h1 align="center">서클 진행</h1>

깊이 있는 대화를 위해 소서클로 진행한다.

【소서클】

- ●센터피스: 초, 초 홀더
- ●토킹피스: 하트쿠션, 스퀴시
- ●준비물: 자기돌봄 활동지별지, 종이컵, 토닥토닥 스티커, 네임펜,   음악
  -'흰수염고래'YB 윤도현

Q1. 자기돌봄 활동지에 기록한 자신이 내린 처방은 무엇인가요?

Q2. 소개한 자기 돌봄의 내용 중 오늘부터 다음 한 주간 동안 바로 실천하고 싶은 것은 어떤 것인가요?

Q3. 자기돌봄 활동지에 적은 자신을 토닥이는 말을 소개하며 스스로 자신을 격려해 주세요.

Q4. 함께 음악을 들으며 자기 돌봄을 위해 토닥토닥 마음 나눔 활동*을 하겠습니다.

Q5. 종이컵 메시지의 내용 중 마음에 드는 메시지를 소개해 주세요.

서클 닫기

전체 서클로 진행한다.

【닫는 질문】

Q. 오늘 자기 돌봄 서클이 여러분에게 자신을 돌보고 에너지를 채우는 시간이 되었기 바랍니다. 지금 자신에게 올라오는 감정과 느낌을 소감과 함께 나눠주세요.

---

* 토닥토닥 마음 나눔 활동: 준비한 종이컵에 자신의 이름을 적고 종이컵을 옆 사람에게 전달한다. 종이컵을 받으면 격려해 주고 싶은 말을 토닥토닥 스티커에서 선택하여 종이컵에 붙여준다. 한 바퀴 돌아 자신에게 돌아오면, 오늘 하루 이 컵을 사용하면서 행복해지도록 격려하고 응원한다.

자기돌봄 활동지

이름: 날짜:

<table>
<tr><td colspan="2" align="center">알 아 차 림</td></tr>
<tr>
<td>신체·정서·생활 등 삶의 균형과 만족도를 점검하여 봅니다. 불편이 느껴지는 곳에 표시해 보세요.

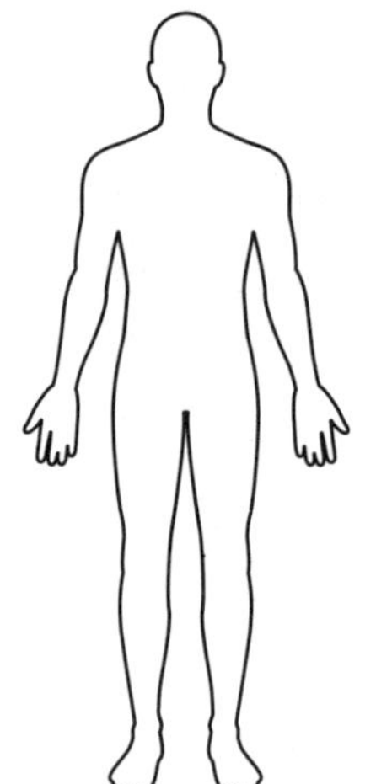</td>
<td>어떤 상황이었나요?

나의 감정과 생각은 어떠했나요?

내가 필요한 것욕구은 무엇이었나요?</td>
</tr>
</table>

자 기 돌 봄 처 방		
오 감 처 방	시각	
	청각	
	미각	
	후각	
	촉각	
주의 사항		
토닥토닥 멘트		

서클의 인간관 이해하기 서클

서클의 대상: 회복적 생활교육 교육자원봉사자

서클의 주제: 서클의 인간관

서클의 목표: 서클에서 믿고 있는 인간을 바라보는 신념 7가지를 적용하여 인간을 바라본다.

센터피스: 부엉이 모양 도자기, 서클의 핵심 가치카드

센터피스의 의미: 부엉이는 지혜를 의미하고, 카드로 서클의 핵심 가치를 시각화한다.

토킹피스: 하트 볼

토킹피스의 의미: 말랑말랑한 촉감으로 긴장을 풀고 편안한 대화를 하게 한다.

준비물: 서클에서 인간을 바라보는 신념 별지, 89쪽

서클로의 초대

여덟 번째 양성 과정에 참여하신 여러분을 환영합니다. 서클에서 바라보는 인간관에 대해 알아보겠습니다. 이 시간을 통해 여러분에게 깊은 배움이 있길 바랍니다. 이제 서클의 규칙에 따라 서클을 진행하겠습니다.

서클 열기

【여는 질문】

　Q. 지금 여러분의 컨디션 점수를 손가락으로 표현해 주세요.

【강의 진행】

　'서클의 인간관'에 관한 강의를 진행한다.

서클 진행

깊이 있는 대화를 위해 소서클로 진행한다.

【소서클】

　●센터피스: 부엉이 모양 도자기

　●토킹피스: 하트 볼

　●준비물: 서클에서 인간을 바라보는 신념_{별지, 89쪽}

Q1. 오늘 배운 '서클에서 인간을 바라보는 신념' 중 나에게 가장 와 닿은 신념은 무엇인가요?

Q2. 서클에서 믿고 있는 인간을 바라보는 신념으로 나를 봅니다. 나의 인간됨과 아름다움은 무엇인지 마음껏 자랑해 주세요.

Q3. 이번에는 서클에서 믿고 있는 인간을 바라보는 신념으로 자녀를 바라봅니다. 내 아이를 마음껏 자랑해 주세요.

서클 닫기

【닫는 질문】 전체 서클

Q. 오늘 서클을 통해 누군가를 바라볼 때 모든 사람이 귀하고 소중한 존재임을 깊이 느꼈습니다. 마지막으로 소감을 말씀해 주세요.

격려와 지지 서클

서클의 대상: 회복적 생활교육 교육자원봉사자

서클의 주제: 행복

서클의 목표: 양성과정을 수료한 서로를 격려하고 지지하며 축하의 시간을 갖는다.

센터피스: 나를 행복하게 하는 물건들

센터피스의 의미: 자신을 행복하게 하는 물건들로 참여자들이 직접 구성한다.

토킹피스: 마이크

토킹피스의 의미: 각자의 이야기를 들려주며 행복을 공유하는 것을 의미한다.

준비물: 음악-'행복의 주문'커피소년

서클로의 초대

양성과정 마지막 시간에 오신 여러분을 환영합니다. 준비해 온 나를 행복하게 하는 물건들로 센터피스를 꾸며 주세요. 잠시 커피소년의 노래 '행복의 주문'을 함께 듣고 서클의 규칙에 따라 서클을 진행하겠습니다.

서클 열기

【여는 질문】

Q. 지난 주에 있었던 재미있는 일은 무엇인가요?

서클 진행

Q1. 나를 행복하게 하는 소울 푸드는 무엇인가요?

Q2. 내가 행복하게 시간을 보내는 방법은 무엇인가요?

Q3. 내가 들으면 행복해지는 말은 무엇인가요?

Q4. 행복한 상상을 해 볼까요? 만약 삶을 바꿀 수 있다면 누구로 살아보고 싶은가요?

Q5. 일상을 살아가며 뜬금없이 행복함을 느꼈던 때는 언제인가요?

서클 닫기

【닫는 질문】

Q. 행복은 큰 것에서 오는 것이 아니라 나의 주변에 있는 작은 것들에서 오는 것임을 대화를 통해 느꼈습니다. 오늘 서로의 이야기를 나누면서 행복통장이 가득 채워졌습니다. 이제 양성과정을 모두 마무리하려 합니다. 양성과정을 마치는 소감을 말씀해 주세요.

【닫는 활동】

양성과정을 수료한 서로를 격려하고 축하하는 의미로 악수와 포옹을 나누며 인사하겠습니다.

공동체 세우기 서클

자기 회복의 기초 마련하기

서클의 대상: 회복적 생활교육 교육자원봉사자

서클의 주제: 회복

서클의 목표: 그림책을 활용하여 자기 회복의 기초를 마련한다.

센터피스: 여러 가지 다양한 그림책

센터피스의 의미: 다양한 그림책을 통해 마음의 안정과 편안함을 준다.

토킹피스: 다양한 스퀴시

토킹피스의 의미: 발화자를 알려주며 긴장감을 완화한다.

준비물: 그림책-'색깔의 비밀'[차재혁], 색종이, 네임펜, 스티커

서클로의 초대

서클에 오신 여러분을 환영합니다. 오늘은 다 같이 그림책을 보고 나누고 싶은 질문을 함께 만들어 보는 시간입니다. 서로의 이야기를 온전한 마음으로 전하고 듣는 시간이 되었으면 좋겠습니다. 이제 서클의 규칙에 따라 서클을 시작하겠습니다.

---

* 경기도수원교육지원청 회복적 생활교육 교육자원봉사자 양성과정 심화교육 중 구성원들의 전문성 향상, 상호 연결과 관계 증진을 위한 공동체 세우기 서클을 3회기 진행하였다.

서클 열기

【여는 질문】

Q1. 남다른 나를 소개합니다. 요즘 내가 관심 있는 것은 무엇입니까? "○○을 남다르게 좋아하는 ○○입니다"로 이야기해 주세요.

Q2. 오늘 나의 기분 점수를 말해주세요. 그리고 현재 점수에서 1점을 더 올리기 위해 필요한 것은 무엇인가요?

서클 진행

오늘 읽어 볼 그림책을 소개하겠습니다. 그림책 『색깔의 비밀』*입니다.

【공동체 활동】 질문 만들기

내용을 읽어보니 어떤 생각이 드시나요? 우리의 회복을 위해 함께 나누고 싶은 질문들을 색종이 한 장에 하나의 질문으로 자유롭게 적어 주세요.

[활동 후] 참여자분들이 적어 주신 질문들을 유목화하였습니다. 오늘 이 시간에 함께 이야기하고 싶은 질문에 스티커를 붙여주세요. 가장 많은 스티커를 받은 질문 3~4개를 선택하여 서클로 이야기 나누어 보겠습니다.

Q1~4. 선택된 질문으로 이야기합니다.

---

* 『색깔의 비밀』은 다름과 변화, 개성과 성장을 이야기하는 책이다. 이번 서클에서는 각자가 지닌 본래의 개성에 집중하며 자신의 원래 모습을 회복하는 과정을 회복의 기초로 삼고, 이를 위해 참여자들과 함께 질문을 만들고 나누었다.

서클 닫기

【닫는 질문】

Q. 오늘은 여러분이 직접 만들어 주신 질문으로 서클을 함께해 보았습니다.

오늘 서클의 소감을 나눠주세요.

존중을 깊이 있게 이해하기

서클의 대상: 회복적 생활교육 교육자원봉사자

서클의 주제: 존중

서클의 목표: 나의 소중함을 깊이 이해하고 스스로를 존중한다.

센터피스: 깃털, 용기성장카드, 알 전구

센터피스의 의미: 전구를 밝혀 용기성장카드의 메시지를 통해 참여자를 지지하고 응원한다.

토킹피스: 하트 볼, 깃털

토킹피스의 의미: 말랑말랑하고 폭신폭신한 토킹피스의 촉감은 발화자의 긴장을 완화해 주고, 부드러운 깃털을 쓰다듬는 동작은 마음을 이완시킨다.

준비물: 캘리페이퍼, 네임펜, 시-'힘이 있는 것은 서클에서 이루어진다'[작자미상, 별지]

서클로의 초대

오늘 서클의 주제는 '존중'입니다. 서로의 이야기를 온전한 마음으로 전하고 듣는 시간이 되었으면 좋겠습니다. 이제 서클의 규칙에 따라 서클을 시작하겠습니다.

서클 열기

【여는 활동】

시 '힘이 있는 것은 서클에서 이루어진다'를 함께 읽어보겠습니다.

【여는 질문】

Q. 지난 일주일 동안 나에게 일어났던 'My News'를 소개해 주세요.

서클 진행

Q1. 존중은 나를 아는 것으로부터 시작합니다. 내가 좋아하는 것을 오감으로 표현해 주세요.

Q2. 내가 제일 좋아하는 나의 모습은 무엇인가요? 다시 태어나도 꼭 갖고 싶은 나의 모습은 무엇인가요?

오늘의 주제인 존중에 대해 알아보니 다음과 같이 이야기하고 있습니다.

존중이란?

높이어 매우 중요하게 대하는 것입니다.

사람이나 사물을 공손하고 소중하게 여기는 태도입니다.

존중은 저마다 삶의 배경과 역사가 다름을 긍정하며 가치있게 대합니다.

존중은 관심사나 소망, 선택이 다양할 수 있음을 인정하며

자신의 것을 강요하지 않습니다.

존중은 대접받고 싶은 대로 대접하려는 정신이요 몸가짐입니다.

Q3. 존중의 의미에 대해 생각해 보았습니다. 내가 존중받았던 경험을 나눠주세요.

Q4. 현재 내가 받고 싶은 존중은 무엇인가요? 나에게 필요한 존중을 자신에게 선물해 주세요.

Q5. 나에게 존중이 가득 채워져서 흘러넘친다면, 나는 누구에게 어떤 존중을 선물하고 싶은가요?

서클 닫기

【닫는 질문】

Q. 내가 생각하는 '존중이란' 무엇인지 캘리페이퍼에 적어 주세요.

【닫는 활동】

각자의 존중카드를 왼쪽 옆 사람에게 전달해 주세요. 전달받은 사람은 받은 카드를 읽고 "당신의 존중을 존중합니다"라고 말하며 되돌려 주세요.

힘이 있는 것은 서클에서 이루어진다*

작자 미상

힘이 있는 것은 모두 서클에서 이루어진다.

힘이 있는 모든 것은

서클에서 이루어진다.

하늘도 둥글고,

지구와 다른 별들도 공처럼 둥글다고

나는 들었다.

바람도 가장 강하게 불 때, 둥글게 휘몰아친다.

새들도 둥글게 집을 짓는다.

그들도 우리와 같은 믿음을 갖고 있기 때문이다.

태양도 둥글게 큰 원을 그리며

하늘 위로 떠올랐다가 저물어간다.

달도 그와 같이 움직이고,

태양과 달의 모습도 다 둥글다.

심지어 계절도 순환함으로써 거대한 서클을 이루고

언제나 다시 이전의 그 계절로 돌아온다.

사람의 삶도 어린 생명에서 다시 어린 생명으로 원을 그린다.

이렇듯 힘이 있는 모든 것 안에는 서클이 들어있다.

* 출처: 경기도교육지원청, 「평화로운 학급 공동체 워크북」

연결을 통한 공동체성 회복하기

서클의 대상: 회복적 생활교육 교육자원봉사자

서클의 주제: 초대와 연결

서클의 목표: 개인의 공동체성을 회복하여 건강한 공동체를 만든다.

센터피스: 눈꽃 전구, 가치카드, 리스

센터피스의 의미: 참여자들을 존재로서 환영하며 따뜻하고 안전한 공간을 만든다.

토킹피스: 하트쿠션, 스마일 볼

토킹피스의 의미: 사랑과 존중, 수용과 웃음을 의미한다.

준비물: 캘리페이퍼, 네임펜, 털실

서클로의 초대

오늘 서클의 주제는 '초대와 연결'입니다. 서로의 이야기를 온전한 마음으로 전하고 듣는 시간이 되었으면 좋겠습니다. 이제 서클의 규칙에 따라 서클을 시작하겠습니다.

서클 열기

【여는 의식】

[나와 나의 연결] 잠시 심호흡을 하며 오늘 아침 시간을 되짚어 봅니다.

여기 오기까지의 과정에서 애쓴 나를 격려하며 이곳에 현존하도록 자신을 초대하겠습니다.

【여는 질문】

Q. 오늘 여기 오기까지 가장 애쓴 일은 무엇인가요?

서클 진행

Q1. [나와 타인의 연결] 최근에 나를 즐겁게 했던 사람은 누구인가요?

Q2. [나와 공동체의 연결] 현재 나의 모습을 형성하는 데 가장 크게 기여한 공동체는 어느 공동체인가요? 가족 공동체는 제외하고 말씀해 주세요.

Q3. 건강한 공동체를 만들기 위해 필요한 가치는 무엇일까요?

Q4. 교육자원봉사자 공동체에서 실현하고 싶은 나의 비전 또는 가치는 무엇인가요?

Q5. 공동체에 관한 자신만의 정의를 내리고 캘리페이퍼에 적은 후 설명해 주세요.

서클 닫기

【닫는 질문】

Q. 오늘 나눈 이야기들을 참고하여 우리 공동체의 별칭을 정해 본다면 어떤 이름으로 부르고 싶으신가요?

【닫는 활동】 공동체의 연결 표현하기
털실을 대각선으로 주고받아 모두가 연결되게 해 주세요.

공동체는 우리가 엮은 털실처럼 서로 연결되어 영향을 주고받습니다. 만약 누군가 털실을 놓쳐도 다른 사람들이 잘 잡아 준다면 공동체는 유지됩니다. 여러분 모두가 서로에게 든든한 울타리가 되어주세요. 행복한 공동체가 될 것입니다.

3부

서클,
사람을 만나다

구해줘! 자기 회복 서클

회복을 위한 나의 행복 찾기

서클의 대상: 성인 누구나

서클의 주제: 자기 돌봄

서클의 목표: 자기 돌봄을 통해 개인의 회복을 돕는다.

센터피스: 사진카드

센터피스의 의미: 사진카드는 행복감을 느꼈던 장소 또는 상황을 떠올릴 수 있도록 돕는다.

토킹피스: 하트 볼

토킹피스의 의미: 행복한 마음을 의미한다.

준비물: 자기회복 활동지[별지], 네임펜, 드라마 「나의 해방일지」 대사 중 '쉬는 말'[별지], 음악-'고잉홈'[김윤아]

서클로의 초대

'구해줘! 서클'에 오신 것을 환영합니다. 오늘 서클의 주제는 '자기 돌봄'입니다. 낯선 느낌과 분주한 마음을 가다듬고 여러분의 몸과 마음을 이 자리로 초대해 주세요.

서클 열기

서클이란 회복적 정의 철학을 바탕으로 이루어지는 대화방식입니다. 동그랗게 앉아 시간과 공간을 공평하게 사용하며, 서로의 이야기를 통해 지혜를 나누게 됩니다. 서클에는 다음과 같은 신념이 담겨있습니다.

하나. 모든 사람의 내면에는 선하고 지혜롭고 강한 자아가 있다.

둘. 이 세상은 깊이 연결되어 있다.

셋. 모든 사람은 좋은 관계에 대한 깊은 갈망이 있다.

넷. 누구나 재능이 있으며 그 재능이 발현되려면 모든 이들의 도움이 필요하다.

다섯. 긍정적인 변화를 위해 필요한 모든 것들은 이미 우리에게 주어져 있다.

여섯. 인간은 통합적 존재다.

일곱. 우리는 진정한 자아로 살아가는 습관을 만들기 위해 연습이 필요하다.

서클은 이와 같은 신념을 지키며 안전한 대화를 돕는 몇 가지 규칙이 있습니다.

첫째, 토킹피스를 가진 사람만 이야기합니다.

둘째, 다른 사람은 위로, 격려 또는 의견도 잠시 멈추고 상대의 이야기를 경청합니다.

셋째, 서클 안에서 나눈 각자의 소중한 이야기는 비밀로 지켜줍니다.

마지막으로 서클의 처음과 끝을 함께 합니다.

이제 서클의 규칙에 따라 서클을 진행하겠습니다.

【여는 질문】

Q. 지금 이 순간 나의 컨디션은 몇 점인가요?

서클 진행

회복을 위하여 나를 행복하게 하는 것들을 구체적으로 살펴보도록 하겠습니다.

Q1. 첫 번째는 미각입니다. 나를 행복하게 하는 맛 또는 음식은 무엇인가요?

Q2. 두 번째는 청각입니다. 나를 행복하게 하는 소리는 무엇인가요?

Q3. 세 번째는 시각입니다. 내가 행복감을 느꼈던 장소 또는 장면은 무엇인가요? 한 장의 사진처럼 소개해 주세요.

Q4. "요즘 너는 어때?"라는 질문에 대답이 될 수 있는 사진을 센터피스에서 골라 이야기를 나눠주세요.

Q5. 자기 돌봄은 신체, 정신, 사회^{외부환경}, 영[혼]의 4가지 영역에서 통합적으로 이루어져야 한다고 합니다. 잠시 현재의 나를 4가지 영역으로 점검해 보겠습니다. 오늘 나눈 대화를 바탕으로 회복하고 싶은 것을, 자기회복 활동지에 적은 후 이야기해 주세요.

서클 닫기

【닫는 질문】

Q1. 드라마 '나의 해방일지' 속 쉬는 말 대사를 함께 보겠습니다.

나에게 '쉬는 말'은 무엇인가요?

Q2. 오늘 서클을 함께 하신 소감을 나눠주세요.

[나눔 후] 오늘 서클에서 나눈 이야기가 여러분에게 쉬는 말이 되었으면 좋겠습니다. 음악을 들으며 서클을 마치겠습니다. 서로의 회복을 응원해 주세요.

나의 해방일지 속 '쉬는 말'

아무한테나 전화 해서

아무 말이나 하고 싶어

여태 떠들었는데

맨날 떠들었는데

여전히 떠들고 싶니?

나 하고 싶은 말은 못했어

존재하는 척 떠들어대는 말 말고

쉬는 말이 하고 싶어

대화인데...

말인데... 쉬는 것 같은 말

남의 집 아파트값 오른 얘기 말고

우리 애 성적 얘기 말고

남편 씹는 거 말고

늙어서 어떡하지 이런 거 말고

나 요즘 이래...

이런 생각이 들더라구...

길에 핀 꽃이 이쁘더라...

그냥 쉬는 말이 하고 싶어

자기회복 활동지

1. 오늘 내 상태를 네 가지 영역으로 점검해 1~5중 표시하고 간단히 메모하세요.

영역	오늘의 상태	한 줄 메모
신체	☐1 ☐2 ☐3 ☐4 ☐5	
정신	☐1 ☐2 ☐3 ☐4 ☐5	
사회[외부환경]	☐1 ☐2 ☐3 ☐4 ☐5	
영[혼]	☐1 ☐2 ☐3 ☐4 ☐5	

2. 오늘의 대화를 바탕으로 회복하고 싶은 것을 자유롭게 적어보세요.

회복을 위한 나의 감정 이해하기

서클의 대상: 성인 누구나

서클의 주제: 감정 돌봄

서클의 목표: 실천할 수 있는 자기 감정 돌봄이 무엇인지 알아본다.

센터피스: 프리저브드 플라워, 가치카드, 감정카드

센터피스의 의미: 프리저브드 플라워는 환영을 의미하며, 가치카드와 감정카드는 주제 질문에 활용한다.

토킹피스: 스마일 볼

토킹피스의 의미: 발화자를 알려주며 긴장을 완화한다.

준비물: 음악-명상음악, 신호등 활동지별지, 네임펜

서클로의 초대

'구해줘! 서클'에 오신 것을 환영합니다. 오늘 서클의 주제는 '감정 돌봄'입니다. 낯선 느낌과 분주한 마음을 가다듬고 여러분의 몸과 마음을 이 자리로 초대해 주세요. 이제 서클의 규칙에 따라 서클을 진행하겠습니다.

서클 열기

【여는 의식】

　명상음악을 들으며 긴장을 풀고 호흡을 고르는 시간을 갖겠습니다.

서클 진행

Q1. 한 달간 유급으로 휴가가 주어진다면 자신을 돌보기 위해 무엇을 하고 싶은가요? 현재 나의 모든 일, 육아, 회사, 학업 등에서 완전히 자유롭다고 가정합니다.

Q2. 현재 나의 상태를 살펴보고 신호등 활동지에 적은 후 이야기 나누어 주세요.

Q3. 신호등 활동지로 나의 상태를 점검하였습니다. 지금 느껴지는 나의 주된 감정을 센터피스의 감정카드에서 찾아보고 나눠 주세요.

Q4. 힘들 때 내 몸에 나타나는 신호는 무엇인가요?

Q5. 힘들 때 올라오는 감정을 잠재우는 나만의 방법은 무엇인가요?

Q6. 나의 불편한 감정을 가라앉히는 데 도움이 되는 가치를 센터피스의 가치카드에서 찾아보고 나눠 주세요.

Q7. 오늘 활동지와 나눔을 참고하여 현재 나에게 현실적으로 필요한 돌봄은 무엇인가요?

서클 닫기

【닫는 질문】

　Q. 오늘 서클에 대한 소감을 나눠 주세요.

신호등 활동지

이름: 날짜:

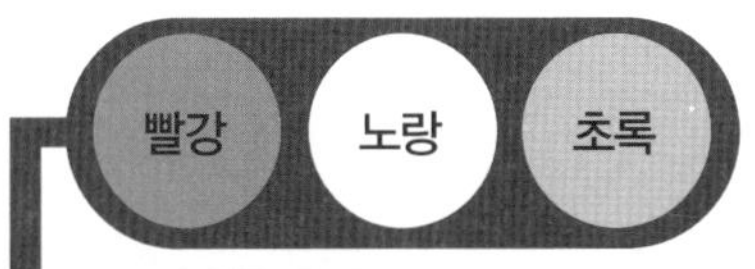

빨간색: 지금 멈춰있는 상태, 완전히 멈춤 또는 경고 신호가 켜진 것

노란색: 잠시 쉬거나 준비 중인 상태, 잠깐 멈춤 또는 주의 신호가 켜진 것

초록색: 지금 모든 것이 원활하게 진행되는 상태, 안전하게 주행하는 것

회복을 위한 나의 즐거움 찾기

서클의 대상: 성인 누구나

서클의 주제: 즐거움

서클의 목표: 서클에서 즐거운 경험을 나누며 나를 회복시킨다.

센터피스: 스노우 볼, 생일 가랜드, 전구

센터피스의 의미: 파티 용품을 사용하여 즐거운 공간으로 초대함을 의미한다.

토킹피스: 호버만의 구, 하트쿠션

토킹피스의 의미: 호버만의 구는 질문에서 활용하고, 하트쿠션은 편안함과 따뜻함을 의미한다.

준비물: 명함 카드[1인 2장], 네임펜

서클로의 초대

'구해줘! 서클'에 오신 것을 환영합니다. 오늘 서클의 주제는 '즐거움'입니다. 낯선 느낌과 분주한 마음을 가다듬고 여러분의 몸과 마음을 이 자리로 초대해 주세요. 이제 서클의 규칙에 따라 서클을 진행하겠습니다.

서클 열기

【여는 질문】

Q1. 오늘 서클에 참여하게 된 계기는 무엇인가요?

Q2. 공유할 수 있는 자신의 정보 하나와 이름을 소개해 주세요.

【여는 활동】

오늘 서클의 주제에 맞춰 즐거움을 공유할 수 있는 간단한 공동체 놀이를 함께해 보겠습니다.

공동체 놀이 1. 미꾸라지 게임

1. 오른손은 검지를 펴고, 왼손은 손바닥을 위로 향하게 편다.

2. 검지로 오른쪽 사람의 손바닥을 터치한다.

3. 진행자의 "미꾸라~~~지!" 구령에 맞추어 오른손 검지는 피하고 왼손은 옆 사람의 검지를 잡는다.

4. 옆 사람의 검지를 잡은 사람이 승점을 얻는다.

공동체 놀이 2. 진행자를 이겨라! 가위, 바위, 보!

1. 자리에서 일어나서 진행자와 참여자 전체가 가위, 바위, 보를 한다.

2. 진 사람은 앉고 이긴 사람과 비긴 사람만 다음 판을 계속한다.

3. 마지막에 남는 사람을 가위, 바위, 보 왕으로 추대한다.

4. 놀이를 두세 번 진행한 후 가위, 바위, 보 왕으로 뽑힌 사람들끼리 겨루어 황제를 뽑는다.

Q1. 요즘 얼마나 즐겁게 지내고 계신가요? 호버만의 구를 사용하여 자신의 즐거움의 크기를 표현해 주세요.

Q2. 예전에 즐거웠던 순간 중 기억나는 것을 말씀해 주세요.

Q3. 최근 일주일 이내에 나를 즐겁게 한 것은 무엇인가요?

Q4. 다양한 즐거움 중, 나를 회복시키는 데 도움이 되는 즐거움은 무엇인가요?

Q5. 나를 회복시키는 즐거움을 위해 필요한 것은 무엇인가요?

Q6. 오늘 찾은 즐거움을 위해 실천할 구체적인 방법을 한 장의 명함 카드에 적고 이야기해 주세요.

서클 닫기

【닫는 질문】

Q. 나를 회복시키는 즐거움과 필요에 관해 이야기를 나누었습니다. 서클을 함께 한 소감을 나눠주세요.

【닫는 활동】

오른쪽 옆 사람의 즐거움을 위해 만 원 이하의 선물을 명함 카드에 그려서 선물해 주세요.

회복을 위한 관계 이해하기

서클의 대상: 성인 누구나

서클의 주제: 관계

서클의 목표: 그림책을 통해 관계의 의미에 대해 생각해 보고 이해한다.

센터피스: 깃털, 촛불

센터피스의 의미: 관계에서의 자유로움과 따뜻함을 의미한다.

토킹피스: 하트 볼

토킹피스의 의미: 발화자를 알려주며 긴장을 완화한다.

준비물: 그림책-'두 사람' 이보나 흐미엘레프스카

서클로의 초대

'구해줘! 서클'에 오신 것을 환영합니다. 오늘 서클의 주제는 '관계'입니다. 낯선 느낌과 분주한 마음을 가다듬고 여러분의 몸과 마음을 이 자리로 초대해 주세요. 이제 서클의 규칙에 따라 서클을 진행하겠습니다.

서클 열기

【여는 질문】

Q. 오늘 아침에 일어났을 때 제일 먼저 한 생각은 무엇인가요?

관계에 대해 생각해 볼 수 있는 '두 사람'이라는 그림책을 다 같이 읽고 이야기를 나누어보겠습니다.

> Tip 그림책 '두 사람'을 참여자들이 돌아가면서 한 페이지씩 읽는다.
>
> 책의 첫 페이지와 마지막 페이지는 닫는 활동을 위해 읽지 않도록 한다.

Q1. 제일 기억에 남는 페이지에서 어떤 사람과의 관계가 떠오르나요? 그 이유는 무엇인가요?

Q2. 첫 번째 질문에서 이야기한 그 관계로 인해 영향을 받는 사람은 누구인가요?

Q3. 첫 번째 질문에서 이야기한 그 관계가 10년 뒤 안녕한 모습이라면 그 모습은 어떤 모습일까요?

Q4. 그 사람과 잘 지내기 위해서 지금 내가 실천할 수 있는 것과 그 사람에게 부탁하고 싶은 것은 무엇인가요?

서클 닫기

【닫는 의식】

읽지 않았던 그림책의 첫 페이지와 마지막 페이지를 읽어보도록 하겠습니다.

【닫는 질문】

Q. 오늘 서클에 대한 소감을 나누어주세요.

두 사람*

이보나 흐미엘레프스카

첫 페이지

두 사람이 함께 사는 것은

함께여서 더 쉽고

함께여서 더 어렵습니다.

,

마지막 페이지

두 사람이 함께 사는 것은

함께여서 더 어렵고

함께여서 더 쉽습니다.

---

* 『두 사람』, 이보나 흐미엘레프스카 지음, 이지원 옮김, 사계절, 2008.

토닥토닥 자기 돌봄 서클

자기 이해

서클의 대상: 학령기 이후 부모

서클의 주제: 자기 이해를 통한 '나' 살피기

서클의 목표: 서클의 안전함을 알고 자신을 이해하는 시간을 갖는다.

센터피스: 꽃, 용기성장카드, 깃털

센터피스의 의미: 꽃은 환대를 의미하고, 용기성장카드의 메시지를 통해 참여자들을 격려한다.

토킹피스: 하트 볼

토킹피스의 의미: 서로가 마음을 나누고 함께함을 의미한다.

준비물: 이름표, 네임펜, 시-'산 속에서'^{나희덕}, 별지

서클로의 초대

서클에 참여한 여러분을 환영합니다. 여러분에게 '토닥토닥 자기 돌봄' 시간이 되도록 서클을 잘 지키겠습니다. 서클은 회복적 정의 철학을 바탕으로 공동체가 안전하게 대화할 수 있는 공간이며 참여자가 모두 함께 만드는 대화의 장입니다. 이 서클이 안전하게 자신을 돌보는 시간이 될 수 있도록 함께 만들어주세요. 이제 규칙에 따라 서클을 진행하도록 하겠습니다.

<h1 align="center">서클 열기</h1>

【여는 의식】

침묵으로 자신의 몸을 점검하겠습니다. 진행자의 안내에 따라 머리부터 발끝까지 신체 부분 부분에 집중하며 보디체크를 해 주세요. 특별히 불편한 부분은 없는지 오늘 전체적인 컨디션은 어떤지 살펴주세요. 처음 참가하는 서클에 대한 낯선 마음과 분주한 마음을 가다듬고 온전히 서클에 머무르기 바랍니다.

【여는 질문】

Q. 여러분, 이곳에 참여하기 위해 분주히 오시고 낯선 장소에서 처음 만나는 분들과 마주하니 조금 어색한 느낌이 있으시죠? 우선 가볍게 컨디션 체크를 해 보겠습니다. 지금 나의 컨디션 점수$^{1\sim10}$를 말해 주세요.

<h1 align="center">서클 진행</h1>

오늘 우리들은 처음 만났지만 천천히 그리고 안전하게 서로의 마음과 생각을 나누는 시간을 가져보겠습니다. 편안한 마음으로 함께해 주세요.

Q1. 나를 이곳 '토닥토닥 자기 돌봄' 서클에 오게 만든 이유는 무엇인가요?

Q2. 우리 과정은 4주 동안 이어집니다. 4주 동안 이곳에 내가 계속 참여하기 위해 어떤 도움이 필요할까요?

Q3. 나를 표현하는 긍정의 형용사를 이름 앞에 붙여서 이름표를 만들어 목에 걸어주세요. 예를 들어 '우아한 희주'와 같이 만든 후 소개해 주세요.

Q4. 둘씩 짝을 지어 이야기를 나누면서 둘만의 공통점을 3개 찾아 소개해 주

세요.

Q5. 자신의 감각이 가장 좋아하는 것으로 나를 알아가고 서로를 조금 더 알아가려 합니다. 나의 다섯 가지 감각눈, 코, 귀, 입, 손이 가장 좋아하는 것은 무엇인가요?

서클 닫기

【닫는 질문】

Q. 오늘 첫 서클에 대한 소감을 나누어 주세요.

【닫는 활동】

서클에 온전히 참여해 주시고 마음을 나누어 준 여러분께 감사드립니다.

이제 나희덕의 시 '산 속에서'를 함께 읽으며 서클을 닫으려 합니다. 이 시처럼 서클에서 만난 우리는 서로가 서로를 응원하는 관계로 나아가길 희망하며 서클을 마무리하겠습니다.

산 속에서*

나희덕

길을 잃어보지 않은 사람은 모르리라

터덜거리며 걸어간 길 끝에

멀리서 밝혀져 오는 불빛의 따뜻함을

막무가내의 어둠속에서

누군가 맞잡을 손이 있다는 것이

인간에 대한 얼마나 새로운 발견인지

산속에서 밤을 맞아본 사람은 알리라

그 산에 갇힌 작은 지붕들이

거대한 산줄기보다

얼마나 큰 힘으로 어깨를 감싸주는지

먼 곳의 불빛은

나그네를 쉬게 하는 것이 아니라

계속 걸어갈 수 있게 해준다는 것을

---

* 출처: 『그 말이 잎을 물들였다』, 나희덕 지음, 창비, 1999.

나의 가치

서클의 대상: 학령기 이후 부모

서클주제: 자기존중

서클목표: 나를 존중하기 위해 '나를 나로 만든 가치'를 찾는 시간을 경험한다.

센터피스: 꽃 리스, 앵두 전구, 서클의 핵심 가치카드

센터피스의 의미: 앵두 전구처럼 빛나는 가치를 가진 '나'를 환대한다.

토킹피스: 하트 볼, 거울을 넣은 주머니

토킹피스의 의미: 손거울은 마음 돌보기를 의미한다.

준비물: 보석 사탕반지, 음악-'나를 사랑하자'[커피소년], 서클의 핵심 가치별지

서클로의 초대

'토닥토닥 자기 돌봄' 서클에 오신 것을 환영합니다. 센터피스에 놓인 가치카드를 살펴볼까요? 회복적 정의 서클에는 존중, 정직, 신뢰, 겸손, 공유, 포용, 공감, 용기, 용서, 사랑의 가치가 흐릅니다. 이러한 가치들을 바탕으로 두 번째 시간도 함께 만들어 주세요. 오늘의 주제는 '자기존중'입니다. 이제 서클의 규칙에 따라 서클을 진행하겠습니다.

서클 열기

【여는 활동】

나눠드린 회복적 정의 서클의 핵심가치를 함께 읽고 마음에 담아보겠습니다.

【여는 의식】

침묵으로 자신의 몸을 점검하겠습니다. 진행자의 안내에 따라 머리부터 발끝까지 신체 부분 부분에 집중하며 보디체크를 해 주세요. 특별히 불편한 부분은 없는지 오늘 전체적인 컨디션은 어떤지 살펴주세요.

【여는 질문】

Q. 오늘 아침에 거울을 보고 오셨나요? 유독 마음에 드는 나의 모습은 어디인가요? 꼭 찾아주세요.

서클 진행

오늘의 주제는 '자기존중'입니다. 존중받아 마땅한 여러분 자신에 대해 나눠주세요.

Q1. 내가 가장 빛나고 예뻤을 때는 언제였나요? 여러분의 리즈 시절을 마음껏 자랑해 주세요.

Q2. 그런 예쁜 시절을 지나 지금의 내 나이가 되었습니다. 내가 지금의 나이라서 좋은 점은 무엇인가요?

Q3. 지금의 내가 되기까지 나를 만든 시간에 대해 이야기해 보려고 합니다. 이

렇게 좋은 지금의 나를 만든 것은 무엇인가요? 사람은 제외하고 그 시절의 문화, 사건 등 경험한 일을 나눠 주세요.

Q4. 이제는 나에게 영향을 준 사람에 대한 이야기를 하려고 합니다. 사람을 만나고, 시절을 이겨내고 보내며 지금 우리는 아름답게 빛나고 있습니다. 지금의 나에게 큰 영향을 준 사람은 누구인가요?

Q5. 앞선 질문에서 생각해 본 것과 같이 지금의 내 안에는 많은 보석들이 만들어져 있습니다. 오늘 발견한 내 안의 보석^{가치} 3가지는 무엇인가요?

Q6. 지금까지 내 안에 만들어진 보석들을 장착하고 앞으로 하고 싶은 것 또는 할 수 있는 것은 무엇인가요?

Q7. 여러분이 세상에서 가장 마음에 들어 할 보석을 주머니에 준비했습니다. 주머니를 열어 보석을 확인하고 그 보석에게 한마디 해 주세요.

Tip 진행자는 거울을 넣은 주머니를 준비하여 토킹피스로 사용한다. 참여자들이 주머니를 열어 볼 때 거울에 비친 자신이 보석임을 발견하게 된다.

서클 닫기

【닫는 질문】

Q. 오늘 서클 어떠하셨나요? 소감을 나눠 주세요.

【닫는 활동】

오늘의 피날레를 위해 가수를 초청했습니다. 커피소년의 '나를 사랑하자'를 감상해 주세요. 준비된 보석 반지를 서로에게 끼워주며 격려하고 마무리하겠습니다.

서클의 핵심 가치*

존중: 서클에서 존중은 개인이 가지고 있는 인간성^{선하고 지혜롭고 강한 자아}을 찾아 내는 것이다. 존중은 내면의 깊은 곳에서 창조의 모든 측면에 내재한 가치를 인정하는 것이다.

정직: 정직은 스스로의 생각, 느낌, 행위에 솔직한 것에서 시작된다. 서클에서는 정직해야만 강력한 변화가 가능하다. 정직은 공동체가 새로운 관계를 맺을 수 있도록 기초가 되어 준다.

신뢰: 존중과 정직은 신뢰를 낳는다. 서클은 신뢰를 쌓기 위한 주춧돌이 된다. 서클에서는 신뢰라는 가치 덕분에 사람들이 겁내지 않고 먼저 있는 그대로 자신을 보여 주고 그런 다음 다른 이에게 손을 뻗을 수 있다. 신뢰는 또 다른 신뢰를 낳는다.

겸손: 서클에서는 다른 사람이 지닌 독특함을 그대로 인정하고 그의 목소리에 귀 기울일 수 있도록 겸손의 가치를 따른다. 겸손의 가치를 통하여 상대가 어떻게 세상을 바라보는지 그 시각을 받아들여 자신의 시야를 넓힘으로 더 큰 진실을 찾는 데 집중할 수 있다.

공유: 무엇인가를 나누기 위하여 자신을 상대에게 열어 놓고 서로의 관계가 발전하는 대로 그대로 두는 것. 이것이 바로 공유를 의미한다. 어떤 일이 일어났을 때 사람과 상황을 손아귀에 쥐고 통제하려는 것이 아니라 서로에

---

* 출처: 『평화형성서클』, 케이 프라니스 외 2인 지음, 백두용 옮김, KAP, 2016, 61~80쪽.

게 기대어 문제를 해결하는 힘과 책임이 그것을 행사할 수 있는 가장 좋은 위치에 있는 사람에게 자연스럽게 흘러가게 하는 것이다.

포용: 포용은 누군가를 따로 떼어놓지 않고 모두 끌어안는 관용 정신이다. 서클의 통합적 특성은 포용이라는 가치로 드러난다. 모두를 포용할 때 관용과 존중의 분위기가 생겨난다.

공감: 공감은 자신과 상대가 동등하다는 것을 전제로 한다. 서클에서는 이야기를 주고받으면서 서로에 대한 이해가 싹트고 멋대로 상대를 판단하려 하지 않음으로써 서로의 삶의 여정에 대하여 나누고 공감할 수 있다.

용기: 용기란 두려움을 받아들이고 두렵더라도 앞으로 나아가는 능력이다. 가치를 가지고 있는 것과 그것을 삶에서 실천하는 것은 별개이기에 가치를 따라 일관된 삶을 살고 싶어도 실제로 그렇게 살기는 쉽지 않다. 삶에서 자신의 길을 찾고 나아가려면 용기가 필요하다.

용서: 존중, 정직, 신뢰, 겸손, 공유, 포용, 공감, 용기를 따를 때, 어느 순간 용서가 가능한 지점에 다다른다. 용서는 간단치 않은 과정이다. 서클을 통하여 자신 안의 선한 자아를 발견하는 시점에서 용서가 시작된다고 할 수 있다. 용서로 나아갈 때 삶을 짓누르고 있던 고통도 그 힘을 잃고 새로운 삶으로 나아갈 수 있다. 용서를 통해서 분노와 증오가 일으키는 자기 파괴적 결과를 피할 수 있다.

사랑: 겉으로는 아무리 떨어져 있어 보여도 사랑이 있으면 서로 이어져 있다. 서클의 모든 가치들로 인해 사람들은 더욱 깊이 사랑할 수 있고, 반대로 사랑으로 인해 다른 가치들을 더욱 잘 따를 수 있다. 사랑이 커질수록 삶에서 사랑이 가져다주는 치유의 힘도 커진다.

자기 회복

서클의 대상: 학령기 이후 부모

서클 주제: 자기 회복

서클 목표: 서클을 통해 자신을 회복하는 시간을 갖는다.

센터피스: 가치성장카드, 전구

센터피스의 의미: 가치성장카드로 내 안의 가치를 발견할 수 있도록 돕는다.

토킹피스: 하트쿠션

토킹피스의 의미: 긴장을 완화해 주고 참여자들이 자연스럽게 이야기하도록 돕는다.

준비물: 사칙연산 활동지, 네임펜, 토닥토닥 스티커, 음악-'시작'[가호], 서클에서 인간을 바라보는 신념[별지, 89쪽]

서클로의 초대

환영합니다. 오늘은 세 번째 시간으로 주제는 '자기 회복'입니다. 회복이란 자신을 향한 존중이 흘러넘쳐서 본래의 나를 찾는 것이라 합니다. 내가 가진 내 안의 것들을 찾아보며 성장하고, 변화하고, 실천할 수 있는 의지와 힘을 알아보겠습니다. 이제 서클의 규칙에 따라 서클을 진행하겠습니다.

서클 열기

【여는 활동】

서클에서 인간을 바라보는 신념을 함께 읽겠습니다.

인간에 대한 신념은 우리가 회복해야 할 지향점을 안내합니다.

【여는 의식】

침묵으로 자신의 몸을 점검하겠습니다. 진행자의 안내에 따라 머리부터 발끝까지 신체 부분마다 집중하며 보디체크를 해 주세요. 특별히 불편한 부분은 없는지 오늘 전체적인 컨디션은 어떤지 살펴주세요.

【여는 질문】

Q. 오늘 이 시간을 위해 여러분이 포기하거나 선택하지 않은 것은 무엇인가요?

서클 진행

Q1. 오늘은 나의 인생을 사칙연산으로 풀어보겠습니다. 첫 번째는 나에게 곱하기입니다. 내가 가지고 있는 다양한 좋은 점을 떠올려 곱해서 배로 만들고 싶은 것은 무엇인가요? 지금 내가 가지고 있는 좋은 점입니다. 나눠드린 활동지에 적고 이야기해 주세요.

Q2. 두 번째는 나에게 더하기입니다. 나에게 지금 없어서 더해졌으면 하는 것은 무엇인가요?

Q3. 세 번째는 나에게서 빼기입니다. 지금 내게 있는 것 중 빼고 싶은 것은 무엇인가요? 이것은 하나만 찾아 주세요. 부정적인 자신의 모습에 집중하는 것이 아니라 나를 돌아보고 변화하고 싶은 부분에 집중해서 찾아 주세요.

Q4. 네 번째는 나를 나누기입니다. 내가 가진 능력 중 다른 사람들과 나누고
   싶은 것은 무엇인가요?

Q5. 내 안에 있는 내가 가진 것들을 사칙연산으로 생각해 보았습니다. 센터피
   스에 놓인 가치카드를 보고 내가 가진 것들을 가치와 연결하여 이루고 싶
   은 것은 무엇인지 이야기해 주세요.

Q6. 서클을 마치면서 나 자신에게 해 주고 싶은 말은 무엇인가요?

서클 닫기

【닫는 활동】

　응원의 노래를 들으며 나의 사칙연산 활동지에 토닥토닥 스티커를 붙여
자신에게 위로와 격려를 표현해 주세요. 공동의 지혜를 함께 나눠 주신
참여자들에게도 스티커를 붙여 위로와 격려를 보내주세요.

【닫는 질문】

　Q. 오늘 서클이 어떠셨나요? 소감을 나눠 주세요.

사칙연산 활동지

이름:　　　　　날짜:

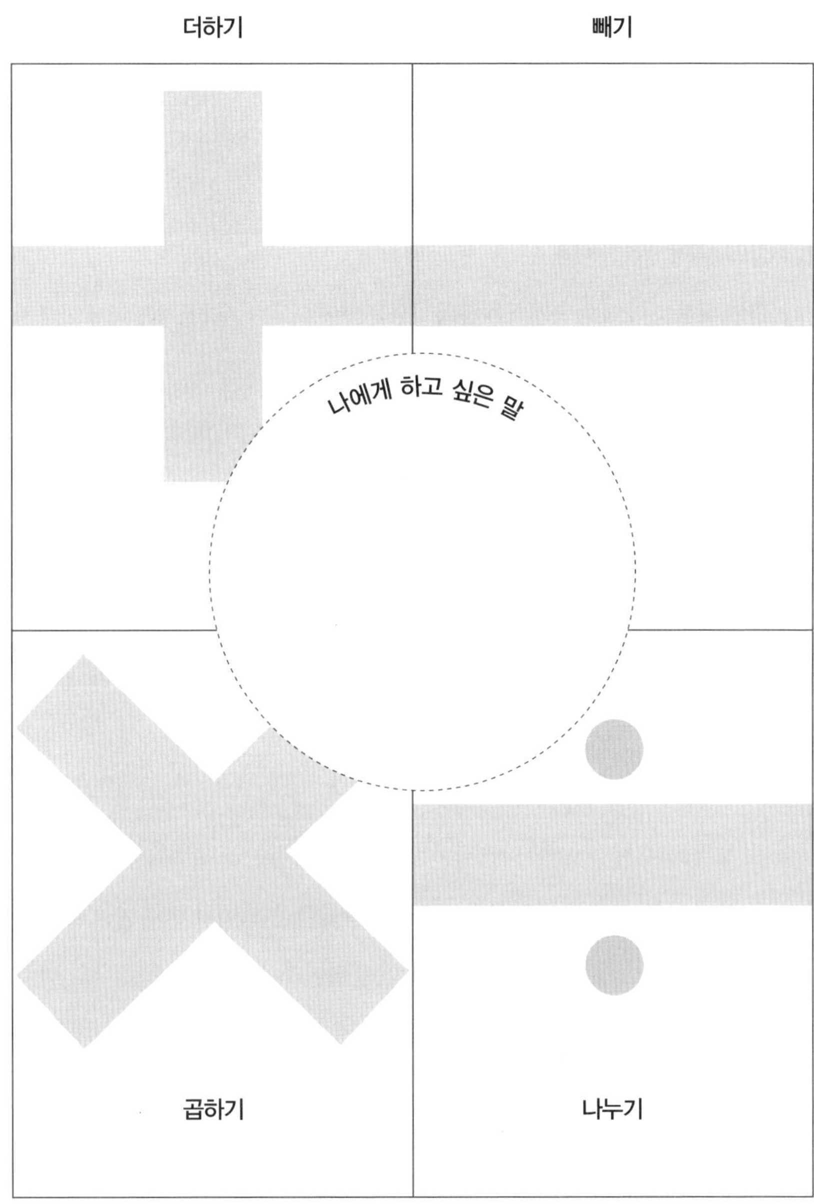

비전

서클의 대상: 학령기 이후 부모

서클의 주제: 행복한 미래

서클의 목표: 건강하고 긍정적인 나의 자원을 찾아 행복한 미래를 희망하게 한다.

센터피스: 사진카드, 초 홀더, 초

센터피스의 의미: 빛나는 가치를 가진 사람들을 응원하고 앞날을 비추고자 함을 의미한다.

토킹피스: 하트쿠션

토킹피스의 의미: 긴장을 완화해 주고 참여자들이 자연스럽게 이야기하도록 돕는다.

준비물: 시-'바람의 기억'^{안소연}, 별지

서클로의 초대

'토닥토닥 자기 돌봄' 마지막 서클에 오신 여러분을 환영합니다. 지금까지 우리는 서로를 환대하고, 내 안의 아름다운 보석과 강점들을 찾아보았습니다. 오늘의 주제는 '행복한 미래'입니다. 나를 중심으로 나와 연결되어 있는 다양한 관계 속에서 살펴보겠습니다. 이제 서클의 규칙에 따라 서클을 진행하겠습니다.

<h1 style="text-align:center">서클 열기</h1>

【여는 의식】

침묵으로 자신의 몸을 점검하겠습니다. 진행자의 안내에 따라 머리부터 발끝까지 신체 부분, 부분에 집중하며 보디체크를 해주세요. 특별히 불편한 부분은 없는지 오늘 전체적인 컨디션은 어떤지 살펴주세요.

【여는 질문】

Q. 센터피스에 놓여있는 사진카드를 찬찬히 살펴봐 주세요. 가장 마음에 드는 카드를 하나 고르고 이유를 설명해 주세요.

<h1 style="text-align:center">서클 진행</h1>

Q1. 나의 자녀들이 나를 닮아서 좋은 점은 어떤 것이 있나요? 자녀의 자랑이기도 하고 나의 자랑이기도 합니다. 겸손의 미덕은 접어두고 마음껏 자랑해 주세요.

Q2. 최근 나를 기쁘거나 행복하게 해준 타인은 누구인가요?

Q3. 나를 있는 그대로 수용해 주는 공동체는 어디일까요? 편안하고 행복하게 나의 모습을 드러낼 수 있는 공동체를 떠올려 보세요.

Q4. 나에게는 나를 닮아 사랑스러운 자녀가 있고, 나를 행복하게 만들어 주는 타인도 있으며 나를 온전히 수용해 주는 공동체도 있습니다. 이렇게 행복한 내가 바라는 미래를 사진의 한 장면처럼 이야기해 주세요.

Q5. 행복한 미래가 우리를 기다리고 있는 것 같습니다. 그렇다면 지금부터 6개월 동안 이것 하나만 한다면 '그래 잘했어. 정말 칭찬해' 할 수 있는 것은 무엇인가요?

서클 닫기

【닫는 질문】

Q1. 지금의 기분은 1에서 10점 중 몇 점일까요? 서클을 마친 후 나의 기분을 +1점 하기 위해 오늘 당장 할 수 있는 일 또는 필요한 것은 무엇인지 말씀해 주세요.

Q2. 오늘이 '토닥토닥 자기 돌봄' 서클의 마지막이었습니다. 4주 동안의 서클이 어떠하셨나요? 소감을 나눠주세요.

【닫는 의식】

우리가 함께한 서클이 오래도록 기억되기를 바라며, 안소연의 시 '바람의 기억'을 읽어드리겠습니다. 아름다운 여러분, 늘 행복하시길 바랍니다. 이것으로 서클을 마치겠습니다.

바람의 기억*

안소연

우리의 시간들을 바람에 기록해두었습니다

일기장처럼 차곡차곡 쌓여가는 바람에

조금은 마음이 놓입니다.

나의 시간은 하염없이 뒤로만 흘러가지만

우리의 시간은 앞에서부터 채워지고 있습니다

나의 빈자리를 느끼지 못하도록

오늘도 바람에 기록해두었습니다

언젠가 내가 그리울 때

바람의 기억들이 당신을 달래주기를 바랍니다

바람이 불어올 때면

어디에서든지 나는 당신을 안고 있는 것입니다

---

* 출처 : 『그리움이 되어버렸습니다』, 안소연 지음, POD도서, 2023.

마을 안에서

소통과 연결을 통한 자기 돌봄

서클의 대상: 지역주민 누구나

서클의 주제: 자기 돌봄

서클의 목표: 소통과 연결을 통해 자신을 돌보는 시간을 갖는다.

센터피스: 꽃바구니, 향초, 느낌카드

센터피스의 의미: 꽃바구니와 향초로 참여자를 환영하고, 아늑하고 부드러운 분위기를 조성한다.

토킹피스: 하트쿠션, 깃털

토킹피스의 의미: 말랑말랑하고 폭신폭신한 토킹피스의 촉감은 참여자의 긴장을 완화해 주고, 부드러운 깃털을 쓰다듬는 동작은 마음을 이완시킨다.

준비물: 캘리페이퍼, 네임펜, 토닥토닥 스티커

서클로의 초대

서클에 오신 여러분 한 분, 한 분을 환영합니다. 환영의 의미로 꽃바구니를 준비했습니다. 이곳에 여러분의 몸은 물론 마음도 온전히 함께해 주시기 바랍니다. 서클의 규칙에 따라 서클을 시작하겠습니다.

【여는 질문】

Q. 서클에 앉으신 지금 첫 느낌은 어떠세요? 센터피스에 있는 느낌카드에서 자신의 느낌을 찾아 말씀해 주시면 됩니다. 자신의 마음을 잘 살펴서 지금의 느낌을 찾아주세요. 느낌은 하나여도 좋고 여러 개여도 좋습니다.

〔나눔 후〕 이곳에 모인 우리들의 느낌이 참 다양합니다. 다양한 느낌만큼 다양한 이야기를 들려주실 것 같아 기대됩니다.

서클 진행

Q1. 먼저 편안하게 음식 이야기를 나누어 보겠습니다. 어떤 음식이 나에게 힐링이 되는지 마음껏 소개해 주세요.

〔나눔 후〕 힐링이 되는 음식은 추억과 함께 있는 것 같습니다. 오늘 서클을 마치고 맛있는 음식으로 힐링하면 좋겠습니다.

Q2. 두 번째 질문입니다. 여러분에게 휴가를 드리겠습니다. 여러분은 여러분을 돌보기 위해 무엇이든 할 수 있습니다. 어떻게 휴가를 보내고 싶은지 나누어 드린 캘리페이퍼에 계획을 적고 그림도 그려주세요. 나에게 한 달간 유급으로 휴가가 주어진다면 자신을 돌보기 위해서 하고 싶은 것은 무엇입니까?

〔나눔 후〕 듣기만 해도 웃음이 절로 나오고 즐거워지는 휴가 계획이 많습니다. 어떤 것은 저도 시도해 보고 싶네요. 휴가는 생각하고 계획하는 것만으로도 행복해지는 것 같습니다. 언제든 자신을 위한 휴가를 다녀오

면 좋겠습니다.

Q3. 이번에는 여러분에게 현재 가장 필요한 것이 무엇인지 생각해 보겠습니다. 자신의 몸과 마음에 어떤 돌봄이 필요한지 현실적이고 구체적으로 생각해 보고 나누어 주세요. 현재 나에게 가장 필요한 돌봄은 무엇인가요?
〔나눔 후〕 서로의 이야기를 들으며 많이 공감하셨을 텐데요. 서클을 마치고 작은 것 하나라도 실천하여 자신을 잘 돌봐 주시면 좋겠습니다.

Q4. 마지막 질문입니다. 내가 지금 듣고 싶은 말을 생각해 보고 소개해 주세요. 어떤 말이든 다 좋습니다. 스스로에게 말해주세요. 여러분이 현재 가장 듣고 싶은 말은 무엇인가요?
〔나눔 후〕 여러분이 말씀해 주신 것들이 각자에게, 또 서로에게 위로가 되고 힘이 된 것 같습니다. 참 좋은 시간이었습니다.

서클 닫기

【닫는 활동】

지금 나눈 이야기들과 함께 서로에게 아름다운 격려의 말을 전해 드리려고 합니다. 휴가 계획 캘리페이퍼에 나눠드리는 토닥토닥 스티커를 붙여주세요. 캘리페이퍼가 한 바퀴 돌아서 자신에게 돌아오면 어떤 격려를 받았는지 소개해 보겠습니다.

〔활동 후〕 격려의 말을 많이 들으니 우리 안의 긍정성이 한껏 키워진 것 같습니다. 캘리페이퍼를 볼 때마다 위로와 격려를 받으시기 바랍니다.

【닫는 질문】

Q. 여러분의 이야기로 서클을 가득 채워주셔서 감사합니다. 서클에 참여한 소
   감이 어떠했는지 나누어 주세요.

   [나눔 후] 서클에서 나눈 이야기들이 여러분 한 분 한 분에게 돌봄의 시
   간이 되었길 바랍니다. 앞으로도 자신의 몸과 마음을 건강하게 잘 돌보
   시면 좋겠습니다. 함께해 주셔서 감사합니다.

자기 탐색을 통한 자기 돌봄

서클의 대상: 지역 주민 누구나

서클의 주제: 자기 탐색을 통한 자기 돌봄

서클의 목표: 자신을 4가지 영역으로 살펴보고 필요한 영역을 돌본다.

센터피스: 사진카드, 초

센터피스의 의미: 사진카드는 주제 질문을 시각화하고 초는 따뜻함을 의미한다.

토킹피스: 하트쿠션, 호버만의 구

토킹피스의 의미: 발화자를 알려주며 긴장을 완화한다.

준비물: 시-'나의 소망'작자 미상, 별지, 캘리페이퍼, 네임펜

서클로의 초대

서클에 오신 것을 환영합니다. 오늘 서클의 주제는 '자기 돌봄'입니다. 이 곳에 여러분의 몸은 물론 마음도 온전히 함께해 주시기 바랍니다. 서클의 규칙에 따라 서클을 진행하겠습니다.

서클 열기

【여는 의식】

잠시 분주했던 마음을 내려놓고 편안한 마음으로 시를 감상하겠습니다.

시의 제목은 '나의 소망'입니다.

오늘의 서클이 '존재하는 나'를 돌보는 시간이 되었으면 합니다.

【여는 질문】

Q1. 호버만의 구를 이용하여 나의 컨디션을 점수로 이야기해 보겠습니다. 구가 제일 클 때는 10점, 제일 작을 때는 1점입니다. 본인의 컨디션을 점수로 표현하며 간단한 이유도 함께 이야기해 주세요.
〔나눔 후〕 우리는 같은 8점을 표현해도 누군가는 더 크게, 누군가는 더 작게 표현합니다. 우리는 비슷하기도 하고 다르기도 합니다. 다음 질문을 통해 자신을 조금 더 소개해 주세요.

Q2. "저는 요즘 ○○○에 관심있는 ○○○입니다"라고 본인을 소개해 주세요.
〔나눔 후〕 다양한 관심사를 가지신 분들이 참여해 주셨는데요. 그런 만큼 더 다양한 이야기를 들을 수 있을 것 같습니다.

서클 진행

Q1. 서클에 어떻게 참여하시게 되었나요?
〔나눔 후〕 오늘 서클을 통해 여러분의 기대가 충족되기를 바랍니다.

Q2. 센터피스에 놓여진 사진카드 중 나의 상태나 상황을 나타내고 있는 사진을 선택하여 설명해 주세요.
〔나눔 후〕 인간은 몸, 정신, 감정, 영혼이 결합된 존재라고 합니다. 인간

이 건강하다는 것은 4가지 영역의 균형이 이루어져야 함을 의미합니다. 자기 돌봄도 이 4가지 영역 각각의 완전함이 아니라 4가지 영역의 조화를 통해 온전함을 만들어 가는 과정입니다. 자신의 몸, 정신, 감정, 영혼을 살펴보면서 나에게 돌봄이 필요한 영역이 어디인지 생각해 보겠습니다.

Q3. 몸, 정신, 감정, 영혼 4가지 영역 중 나에게 돌봄이 필요한 부분은 어디인가요? 그 영역을 돌보기 위한 해결책은 무엇인가요?

〔나눔 후〕 우리가 해결책을 말할 때 주로 필요한 것에 집중하는 경우가 많습니다. 이번에는 반대로 생각해 볼까요?

Q4. 채울 것, 해야 할 것이 아니라 자기 돌봄을 위해 이 시간 이후 당장 그만두거나 버릴 것이 있다면 무엇인가요?

〔나눔 후〕 오늘 여러분의 이야기는 우리 모두에게 자기 돌봄을 위한 통찰과 해결을 위한 따뜻한 조언이 되었던 것 같습니다.

서클 닫기

【닫는 활동】

오늘 생각하고 느낀 것들을 잘 실천할 수 있도록 나에게 해주는 격려의 말을 나눠 드리는 캘리페이퍼에 한 문장으로 적어 주세요.

〔활동 후〕 우리가 쓴 격려의 말을 나눠보도록 하겠습니다. 격려카드를 오른쪽 옆 사람에게 전달해 주세요. 받은 카드를 본인에게 읽어준 후 되

돌려주세요.

Q. 감동적이고 따뜻한 시간이었습니다. 따뜻한 마음을 가슴에 담고 이 시간이

어떠했는지 소감을 나눠주세요.

나의 소망

작자 미상

나는 단순하게 살고 싶다

비가 내릴 때 창가에 앉아

전 같으면 결코 시도해 보지 않았을

책을 읽고 싶다

무엇인가 증명할 것이 있어서가 아니라

그냥 원해서 그림을 그리고 싶다

내 몸에 귀를 기울이고 싶고

달이 높이 떠올랐을 때 잠들어

천천히 일어나고 싶다

급하게 달려갈 곳도 없이

나는 인류가 스스로에게 부과한

돈과 시계, 혹은 어떤 인위적인 제한들에 의해

지배받고 싶지 않다

나는 그저 존재하고 싶다

경계 없이, 무한하게

존중을 통한 관계 회복

서클의 대상: 지역주민 누구나

서클의 주제: 존중

서클의 목표: 존중의 의미를 알고 존중을 실천할 수 있는 힘을 키운다.

센터피스: 가치카드, 기린 인형, 털실

센터피스의 의미: 따뜻하고 편안한 분위기로 대화의 공간을 만든다.

토킹피스: 손뜨개 사과, 하트쿠션

토킹피스 의미: 발화자를 알려주며 긴장을 완화한다.

준비물: 색종이, 네임펜, 선물상자, 캘리페이퍼

서클로의 초대

서클에 오신 여러분들을 환영합니다. 오늘은 '존중'을 주제로 이야기 나누어보겠습니다. 이곳에 여러분의 몸은 물론 마음도 온전히 함께해 주시기 바랍니다. 서클의 규칙에 따라 서클을 시작하겠습니다.

서클 열기

【여는 질문】

Q. 오늘의 마음을 날씨로 표현해 주세요.

서클 진행

오늘 주제인 '존중'은 자기 존중과 타인 존중으로 나누어 볼 수 있습니다. 자기 존중은 자신이 중요하게 생각하는 가치에 부합된 행동을 하는 것이고, 타인 존중은 상대방이 나와는 다를 수 있다는 것을 인정하고 예의로 대하는 것이라고 합니다.

Q1. 나를 존중하기 위한 질문입니다. 나 스스로를 존중하기 위해, 내게 필요한 것은 무엇인가요?

Q2. 타인을 존중하기 위한 질문입니다. 가족 중 누군가가 나와 많이 다르지만 그래서 좋은 점은 무엇인가요?

Q3. 존중을 이해하기 위한 질문입니다. 내가 직접 겪거나 알게 된 존중의 좋은 사례를 소개해 주세요.

Q4. 존중을 선물해 주세요. 누구에게 어떤 존중을 보내고 싶은가요? 나눠드린 색종이에 존중할 내용을 적고 소개해 주세요.

〔나눔 후〕 선물상자에 넣은 존중을 전달하고 싶은 대상에게 선물하여 존중을 실천해 주세요.

서클 닫기

【닫는 활동】

내가 생각하는 존중을 캘리페이퍼에 적고 옆 사람에게 전달해 주세요. 전달받은 존중카드를 읽고 다시 돌려주면서 "당신의 존중을 존중합니다"라고 말해 주세요.

【닫는 질문】

Q. 오늘 존중을 주제로 이야기를 나누어 봤습니다. 소감을 나눠주세요.

회복적 정의 철학 안에서

존중과 상호 존중 이해하기 서클

서클의 대상: 학령기 자녀를 둔 부모

서클의 주제: 존중과 상호 존중

서클의 목표: 서클을 통해 존중의 의미를 되새기며 상호 존중하기 위한 실천방법을 생각해 본다.

센터피스: 초, 작은 인형들

센터피스의 의미: 초의 빛을 밝혀 참여자들을 환영한다.

토킹피스: 꽃

토킹피스의 의미: 토킹피스는 발화자를 알려주는 도구이다. 동시에 토킹피스는 발화자의 긴장을 완화시켜 주기도 한다. 꽃을 토킹피스로 사용하여 서로가 서로를 환영하는 마음을 의미한다.

준비물: 이름표, 네임펜, 포스트잇

서클로의 초대

안녕하세요? 서클에 오신 것을 환영합니다. 이 서클은 ○○교육지원청에서 마련한 '회복적 정의' 학부모 교육 후속 모임으로 총 5회기로 진행됩니다. 앞으로 회복적 정의에서 중요하게 생각하는 가치와 철학을 주제로 대화모임을 진행하겠습니다.

서클의 규칙에 대해 안내해 드리겠습니다.

첫째, 토킹피스를 가진 사람만 이야기합니다.

둘째, 모두는 눈과 귀와 몸으로 경청합니다.

셋째, 서클 안에서 나눈 소중한 이야기는 비밀로 지켜줍니다.

넷째, 서클의 처음과 끝을 함께 합니다.

이러한 규칙에 맞춰 이야기해 주시면 됩니다.

이곳에 여러분의 몸과 마음을 온전히 함께해 주시기 바랍니다.

서클 열기

【여는 활동 1】 긍정의 이름표 만들기

긍정의 꾸밈말을 넣어 이름표를 작성해 주세요. 예를 들어 '아름다운 지영'과 같이 적으면 됩니다. 작성한 이름표는 서로 잘 볼 수 있는 위치에 착용해 주세요.

【여는 활동 2】 존중의 약속 만들기

서클 진행에 앞서 존중의 약속을 만들어 보겠습니다. 앞으로 5회기를 진행하는 동안 이번 대화모임에서 지켰으면 하는 것들을 고민해 보고 각자 포스트잇에 적어 주세요. 우리가 서로 지켰으면 하는 존중의 약속을 한 분씩 소개해 주세요.

비슷한 의견을 유목화하여 우리만의 존중의 약속을 만들어 보겠습니다.
오늘 우리가 함께 만든 존중의 약속은 다음과 같습니다.

【'존중의 약속' 소개하기】

【여는 질문】

Q. 지금 휴대폰에서 사진을 골라 그 사진과 함께 자신을 소개해 주시고 이름
표의 의미도 설명해 주세요.

〔나눔 후〕말씀해 주셔서 감사합니다. 다양한 사람들이 모인 이 자리가
더욱 풍성한 이야기로 채워질 것으로 기대됩니다.

서클진행

Q1. 이번 대화모임을 시작하면서 기대하는 점을 나눠 주세요.

〔나눔 후〕나눠 주셔서 감사합니다. 회복적 정의 부모교육의 인연이 이
자리까지 연결되어 더욱 의미 있게 느껴집니다.

이제 오늘의 주제인 '존중'과 관련지어 이야기 나누어 보겠습니다.

Q2. "나는 ○○할 때, 혹은 ○○했을 때 존중받는다는 느낌을 받았다"라고 생
각되는 경험을 이야기해 주세요. 그동안 여러분이 경험한 존중의 상황을
말씀해 주시면 됩니다. 이 경험은 주관적인 것일 수도 있고 의외의 상황일
수도 있습니다. 잠시 생각해 볼 시간을 갖고 한 분씩 이야기 나눠 보겠습니
다.

〔나눔 후〕서로의 이야기를 통해 내가 생각지 못한 것들이 존중으로 느
껴지기도 하고, 내가 이미 실천하고 있는 부분이 누군가에게는 존중으로
느껴질 수도 있다는 것을 알게 되었습니다. 존중을 실천하고 나누는 방
법이 조금 쉽게 다가오는 기분입니다.

Q3. 내가 존중하고 싶은 사람과 그 사람을 존중하는 방법은 어떤 것이 있을까요? 가능한 현실적인 실천방법을 이야기해 주세요.

〔 나눔 후 〕 말씀해 주셔서 감사합니다. 각자의 자리에서 우리들의 존중이 실천되는 하루 또는 한 주가 되길 바랍니다.

서클 닫기

【닫는 질문】

Q. 오늘 여러분이 나눠 주신 이야기를 통해 느끼신 소감을 다섯 글자로 말씀해 주세요.

〔 나눔 후 〕 여러분의 이야기로 서클을 가득 채워 주셔서 감사합니다. 한 주 동안 자신의 몸과 마음을 건강하게 잘 살펴보시면 좋겠습니다. 함께해 주셔서 감사합니다.

수치심과 책임 이해하기 서클

서클의 대상: 학령기 자녀를 둔 부모

서클의 주제: 수치심과 책임

서클의 목표: 수치심을 바르게 이해하고 자발적 책임의 필요성을 안다.

센터피스: 초, 다양한 인형, 느낌카드

센터피스의 의미: 초에 빛을 밝히고 다양한 인형으로 장식하여 따뜻함과 안정감을 조성한다.

토킹피스: 인형

토킹피스의 의미: 인형은 친밀감을 의미한다.

준비물: 풍선, 색종이, 쓰레기 통, 네임펜, 캘리페이퍼, 음악-'내가 니 편이 되어 줄 게'커피소년

서클로의 초대

두 번째 서클에 오신 것을 환영합니다. 오늘 서클의 주제는 '수치심과 책임'입니다. 오늘의 주제가 다소 불편하고 어렵게 느껴질 수 있지만 안전한 서클에서 수치심과 책임에 대하여 생각해 보려 합니다. 분주한 마음을 가다듬고 온전히 서클에 머무르기 바랍니다. 이제 서클의 규칙에 따라 서클을 진행하겠습니다.

서클 열기

【여는 활동】 손에 손잡고

서로 손을 잡은 상태로 풍선을 튕겨 풍선이 땅에 떨어지지 않고 서클을 한 바퀴 돌면 성공하는 놀이입니다.

【여는 질문】

Q. 오늘의 컨디션 점수$^{1\sim10}$는 몇 점인가요?

서클 진행

Q1. 내가 들었던 말 중 수치심을 느꼈던 말은 어떤 것인가요? 또는 나도 모르게 내가 사용하는 말 중에 상대에게 수치심을 느끼게 하는 말은 어떤 것이 있을까요? 나눠드린 색종이에 적어주세요. 수치심을 불러일으키는 말은 소개하지 않겠습니다.

Q2. 수치심이 올라왔을 때 나의 느낌과 신체 반응은 어떤가요? 센터피스에 있는 느낌카드에서 찾아 이야기해 주세요.

Q3. 나의 수치심을 버리면서 하고 싶은 말은 무엇인가요? 마음이 수치심에 머물러 있지 않도록 가지고 있던 색종이를 구겨서 다 함께 말하면서 쓰레기통에 버려주세요.

Q4. 수치심을 버리고 자신이 소중한 존재임을 알게 될 때, 비로소 책임질 수 있는 힘이 생깁니다. 그렇다면 나는 어떤 상황에서 책임을 다하고 싶은가요?

서클 닫기

【닫는 활동】

잠시 서로를 위로하는 시간을 갖겠습니다. 모두 일어나 음악을 들으며 한 사람 한 사람씩 만나 말없이 깊이 안아주세요.

【닫는 질문】

Q. 존재 자체를 긍정하는 한마디 말, 나 자신과 우리 가족이 행복해할 말은 무엇이 있을까요? 나눠드리는 캘리페이퍼에 예쁘게 적고 소개해 주세요.

〔나눔 후〕이제 서클을 마무리하겠습니다. 오늘 이야기 나눈 수치심은 이 자리에 버리고, 존재를 긍정하는 말은 집으로 가지고 가서 자주 사용해 주세요. 다음 시간에 더 행복한 모습으로 만나겠습니다.

자기 돌봄과 회복 이해하기 서클

서클의 대상: 학령기 자녀를 둔 부모

서클의 주제: 자기 돌봄과 회복

서클의 목표: 자기 돌봄의 필요성을 이해하고 진정한 회복의 방법을 찾는다.

센터피스: 여러 가지 다양한 인형

센터피스의 의미: 특별한 정체성이 있는 고유한 존재를 의미한다.

토킹피스: 여러 가지 다양한 인형

토킹피스의 의미: 발화자의 긴장을 완화해 주고 참여자들이 자연스럽게 경청하도록 돕는다.

준비물: 핸드크림

서클로의 초대

세 번째 서클에 오신 것을 환영합니다. 오늘 서클의 주제는 '자기 돌봄과 회복'입니다. 자기를 돌보는 것이 공동체를 지키는 시작입니다. 자기를 돌봄으로 건강한 관계를 만들고 건강한 공동체를 유지할 힘이 생깁니다. 분주한 마음을 가다듬고 온전히 서클에 머무르기 바랍니다. 지금부터 서클의 규칙에 따라 서클을 진행하겠습니다.

<h1 align="center">서클 열기</h1>

【여는 질문】

Q. 나의 오감이 좋아하는 것을 생각해 보겠습니다. 바라보는 것, 들리는 것, 먹는 것, 향기 맡는 것, 만지는 것을 생각해 보고 말씀해 주세요.

<h1 align="center">서클 진행</h1>

Q1. 남과는 조금 다르지만 내가 좋아하는 나의 모습은 무엇인가요?

Q2. ‘나… 사실은 안 괜찮아…’라고 내 감정을 스스로 수용하고 극복한 경험을 나눠 주세요.

Q3. 오늘 나에게 응원하고 힘을 줄 수 있는 말은 어떤 것인가요? 한 마디로 표현해 주세요.

<h1 align="center">서클 닫기</h1>

【닫는 활동】

타라 브랙은 『자기 돌봄』에서 ‘나를 울게 내버려두지 말라. 자기를 다독거리고 더 낫게 여기며 자신을 따뜻한 시선으로 바라보라’고 했습니다.

한 주 동안 자기 돌봄으로 행복을 키우는 우리가 되길 바라봅니다.
옆에 앉은 참여자에게 핸드크림을 발라주며 격려의 말을 전하는 것으로 서클을 닫겠습니다.

갈등 이해하기 서클

서클의 대상: 학령기 자녀를 둔 부모

서클의 주제: 갈등

서클의 목표: 갈등은 이해해야 하는 자연스러운 현상임을 안다.

센터피스: 느낌카드

센터피스의 의미: 우리의 다양한 감정과 느낌을 시각화하여 대화를 돕는다.

토킹피스: 엉킨 실타래

토킹피스의 의미: 엉킨 실타래는 갈등을 의미한다.

준비물: 욕구카드, 그림책-'노랑마을, 파랑마을'예르카 레브로비치

서클로의 초대

네 번째 서클에 오신 것을 환영합니다. 오늘 서클의 주제는 '갈등'입니다. '나의 욕구 찾기'를 통해 내 안의 욕구를 들여다보고 갈등을 이해하는 시간을 갖겠습니다. 분주한 마음을 가다듬고 온전히 서클에 머무르기 바랍니다. 지금부터 서클의 규칙에 따라 서클을 진행하겠습니다.

서클 열기

【여는 질문】

Q. 센터피스에 놓인 느낌카드를 살펴보겠습니다. 지금 나의 느낌을 센터피스 에서 찾아 이야기해 주세요.

서클 진행

【공동체 활동】 나의 욕구 찾기*

갈등에 관한 그림책 '노랑마을, 파랑마을'을 갈등이 해결되기 전까지만 함께 본 후 세 명씩 소서클로 모여 이야기 나눈다.

1. 각 서클에서 한 명씩 돌아가며 자신의 갈등 경험을 이야기한다. 다른 두 명은 가만히 경청한다.
2. 경청한 두 사람은 욕구카드를 한 장씩 골라 "이런 욕구가 필요하셨나 요?"라고 말하며 욕구카드를 건넨다.
3. 욕구카드를 받은 사람은 본인이 생각할 때 진정으로 내가 원한 욕구라 고 생각되는 카드를 선택한 후 그 욕구에 대해 생각해 본다.

〔활동 후〕 전체 서클로 모인다.

이 활동으로 갈등 상황에서 감정에 매몰되지 않고 자신이 진정으로 원하 는 욕구가 무엇인지 찾아보는 시간이 되었길 바랍니다.

Q1. 내가 찾은 욕구는 무엇인가요?

Q2. 갈등 상황에서 나의 진정한 욕구를 알면 갈등을 이해하고 해결 방법을 찾

---

* 본 활동은 비폭력대화 욕구 찾기 프로그램을 활용하였다.

아 가는 것에 도움을 받을 수 있습니다. 지금 찾은 욕구를 충족하기 위해 나에게 필요한 변화는 무엇인가요?

서클 닫기

【닫는 활동】 그림책 읽기

　『노랑마을, 파랑마을』의 마지막 부분을 읽으며 마무리한다.

【닫는 질문】

　Q. 오늘 함께 활동한 소감을 나눠주세요.

노랑마을 파랑마을*

글: 예르카 레브로비치 / 그림: 이바나 삐빨

서로 사이좋게 지내던 노랑마을과 파랑마을은 다리를 색칠하는 문제로 다투게 되었어요. 다리의 반은 파란색으로, 반은 노란색으로 칠했지만, 밤마다 자신의 색으로 페인트칠을 바꾸면서 점점 더 화가 나 큰 다툼을 하게 되었어요.

,

서로 다투다가 모두 뒤섞여 초록색이 되어서야 싸움을 멈추었어요. 큰비가 내려 모든 페인트가 벗겨지고 예전의 모습을 되찾았어요. 사람들은 서로 사과했고 나무다리를 알록달록한 무지개색으로 칠했답니다. 사람들은 다시 나무다리에서 친구들을 만났고, 서로에게 사과했어요. 나무다리도 다시 칠을 했어요. 이번에는 파란색이나 노란색이 아닌 알록달록한 무지개색으로요.

---

* 출처: 『노랑마을 파랑마을』, 예르카 레브로비치 글, 이바나 삐빨 그림, 신주영 옮김, 키즈돔, 2017.
** 그림책 내용을 각색하여 실었음을 밝힙니다.

공동체의 회복 이해하기 서클

서클의 대상: 학령기 자녀를 둔 부모

서클의 주제: 공동체와 회복

서클의 목표: 공동체의 회복이 개인에게 미치는 영향을 이해한다.

센터피스: 크리스마스 장식들

센터피스의 의미: 연말을 맞아 따뜻하고 즐거운 분위기로 구성한다.

토킹피스: 하트 볼

토킹피스의 의미: 마지막 대화 모임을 사랑으로 마무리함을 의미한다.

준비물: 털실, 시-'다시'박노해, 별지

서클로의 초대

다섯 번째 서클에 오신 것을 환영합니다. 마지막까지 함께해 주신 여러분에게 감사를 전합니다. 오늘의 주제는 '공동체와 회복'입니다. 분주한 마음을 가다듬고 온전히 서클에 머무르기 바랍니다. 지금부터 서클의 규칙에 따라 서클을 진행하겠습니다.

【여는 활동】 하이-땡큐

참여자 중 한 명이 다른 참여자 한 명에게 "하이 ○○" 이름을 부르며, 털실을 가볍게 던져 전달한다. 털실을 받은 사람은 전달해 준 사람의 이름을 말하며 "땡큐 ○○"로 화답한다. 이 과정을 반복하여 모두가 털실로 연결될 수 있도록 한다. 모두가 연결되면 센터피스에 내려놓는다.

【여는 질문】

Q. 내가 몸담고 있는 공동체를 떠올리고, 이번 크리스마스에 공동체 구성원 모두에게 주고 싶은 선물은 무엇인가요? 이유도 함께 말해주세요.

서클 진행

파커 J. 파머는 『공동체의 역설』에서 '공동체는 내가 가장 함께 하고 싶지 않은 사람이 있는 곳, 그 사람이 떠나면 똑같은 사람이 또 오는 곳'이라고 했습니다. 공동체는 이런 특성을 가지고 있지만 우리는 그 공동체를 떠나서는 살 수 없습니다.

Q1. 공동체 안에서 나는 어떤 사람일까요? 여는 질문에서 떠올렸던 공동체에서의 나를 생각해 주시면 됩니다.

Q2. 우리는 다양한 공동체에 속해 있습니다. 그 공동체들 중에서 나를 가장 회복시켜 주는 공동체는 어떤 공동체인가요? 구체적으로 나눠 주세요.

Q3. 지금 내가 어려움을 겪고 있는, 내가 불편함을 느끼는 공동체가 있나요?

그 공동체의 회복을 위해 필요한 것은 무엇일까요?

서클 닫기

Q1. 5주 동안 회복적 정의에서 중요하게 생각하는 가치와 철학을 주제로 대화 모임을 진행했습니다. 다섯 번의 서클에서 나에게 의미 있었던 주제는 무엇인가요?

Q2. 총 5회기의 회복적 정의 서클을 닫는 마지막 질문입니다. '회복적 정의'는 나에게 어떤 의미인가요?

【닫는 활동】

박노해의 시 '다시'를 함께 읽고 서로를 격려하고 응원하며 마무리한다.

다시*

박노해

희망찬 사람은

그 자신이 희망이다

길 찾는 사람은

그 자신이 새 길이다

참 좋은 사람은

그 자신이 이미 좋은 세상이다

사람 속에 들어 있다

사람에서 시작된다

다시

사람만이 희망이다

---

* 출처: 『사람만이 희망이다』, 박노해 지음, 느린걸음, 2015, p63.

<h1 style="text-align:right">마치는 글</h1>

처음 회복적 정의와 서클을 만났을 때, 우리는 그저 좋은 철학 하나를 알게 된 줄 알았습니다. 그러나 그 철학은 곧 우리의 생각과 시선을 바꾸었고, 사람과 공동체를 바라보는 방식에 깊은 변화를 일으켰습니다. 질문을 던지고, 경청하고, 진심을 나누는 일. 그렇게 우리는 서로의 이야기를 품으며 서서히 회복이라는 이름의 길을 함께 걸었습니다.

무엇보다 이 여정이 가능했던 건, 서클에 참여해 주신 모든 분들 덕분입니다. 당신의 용기와 신뢰, 경청과 따뜻한 시선이 서클을 진실한 공간으로 만들었습니다. 함께해 주셔서 진심으로 고맙습니다. 우리가 만난 수많은 공동체가 보여준 이야기들은 늘 감동이었고, 그 감동은 우리에게 서클의 힘을 믿게 해주었습니다.

또한 일일이 다 기록할 순 없지만, 회복적 정의 연구자들과 실천가들에게 감사의 마음을 표현해 봅니다. 그분들이 저술하신 관련 책들은 보이지 않은 도움이었고, 길잡이였습니다. 저희의 작은 걸음도 회복적 정의의 여정에 도움이 되도록 꾸준히 함께 하겠습니다.

이 글을 함께 써 내려간 서클컴퍼니 가치울림의 동료 선생님들께도 깊이 감사드립니다. 각자의 자리에서 서클을 지키며 묵묵히 걸어온 시간들이 이 책 속에 고스란히 녹아 있습니다. 글을 쓰는 동안에도 우리는 또 하나의 서클을 만들고 있었고, 그 안에서 서로를 북돋우며 끝까지 함께할 수 있었습니다. 여러분과 함께여서 든든했고, 무엇보다 즐거웠습니다.

이 책이 세상에 나올 수 있도록 애써주신 도서출판 비공의 배용하 대표님과 윤찬란 님께도 깊은 감사의 마음을 전합니다. 세심한 손길로 원고의 흐름을 살려주셨고, 저희의 마음이 잘 전달될 수 있도록 따뜻하게 도와주셨습니다.

그리고 사랑하는 가족 모두에게도 특별한 감사를 전하고 싶습니다. 때로는 늦은 밤까지 이어진 기획과 집필, 만남과 회의 속에서도 묵묵히 응원해 주시고 함께 기다려 주었기에 이 모든 여정이 가능했습니다.

이 책은 우리가 서클을 통해 나눈 이야기와 질문을 모은 기록입니다. 그 질문들 속에는 공동체의 성장과 회복, 그리고 인간다운 만남에 대한 진지한 탐색이 담겨 있습니다. 누군가는 조용히 자신의 이야기를 꺼내며 스스로를 회복했고, 누군가는 타인의 이야기를 들으며 이해와 공감이라는 또 다른 삶의 문을 열었습니다.

이제 책장을 덮는 여러분에게 이 말을 전하고 싶습니다.

서클은 거창하거나 특별한 사람이 만드는 것이 아닙니다. 단지 진심을 가진 한 사람이 시작할 수 있는, 작고 따뜻한 동그라미입니다. 오늘 당신이 누군가와 동그랗게 앉고, 좋은 질문 하나를 던지는 것으로 또 하나의 서클이 시작될 수 있습니다.

우리가 경험했던 회복의 기적이 이제는 당신의 이야기로 이어지기를 바랍니다. 서툴러도 괜찮습니다. 서클은 언제나, 당신을 기다립니다. 그리고 당신의 서클이 오늘도 회복과 평화를 향해 한 걸음 다가가길 바랍니다.

서클컴퍼니 가치울림 드림

강영진. (2000). 갈등분쟁 해결 매뉴얼. 서울: 성공회대학교.

강인구. (2015). 회복적 생활교육 프로그램이 학급응집력에 미치는 영향. 서울교육대학교 석사학원논문.

경기도교육청. (2014). 회복적생활교육 매뉴얼. 경기도: 경기도교육청.

경기도교육청. (2017). 평화로운 학급공동체 워크북(중등용). 경기도: 경기도교육청.

경기도교육청. (2019). 시민교육 교과서. 경기도: 경기도교육청(민주시민교육과).

구교성. (2018). 청소년 '놀이중심 체육교육'을 통한 공동체의식 함양 프로그램 개발. 한동대학교 교육대학원 석사학위 논문.

김미숙. (2016). 회복적 실천을 위한 학교의 역할(태봉고등학교 사례를 중심으로). 경상대학교 교육대학원 석사학위논문.

김영광. (2013). 학교폭력 대응에 관한 국제비교 연구: 회복적 정의의 관점에서. 경희대학교 교육대학원 석사학위논문.

김영희. (2018). 학교폭력 갈등전환을 위한 회복적 정의의 적용과 확산 방안. 한림대학교 대학원 석사학위논문.

김영희. (2018). 학교폭력 갈등전환을 위한 회복적 정의의 적용과 확산 방안. 한림대학교 대학원 석사학위논문.

김희경. (2017). 이상한 정상가족 (자율적 개인과 열린 공동체를 그리며). 서울: 동아시아.

나태주, 배정애, 슬로우어스. (2023). 너만 모르는 그리움 나태주 필사시집. 서울: 북로그컴퍼니.

나태주. (2000). 슬픈 젊은 날-나태주 시선집1. 서울: 토우.

나희덕. (1999). 그 말이 잎을 물들였다. 서울: 창비

대통령자문지속가능발전위원회. (2005). 공공갈등관리의 이론과 기법(上). 경기도: 논형.

문규헌, 정해정, 장영예. (2008). 가치성장카드. 강원도: 마중물가치교육연구소.

문규헌, 정해정, 장영예. (2008). 용기성장카드. 강원도: 마중물가치교육연구소.

미국정신분석학회. (2002). 정신분석 용어사전. 이재훈 외 옮김. 서울: 한국심리치료연구소

박노해. (2015). 사람만이 희망이다 박노해 옥중사색. 서울: 느린걸음

박숙영. (2014). 공동체가 새로워지는 회복적 생활교육을 만나다. 서울: 좋은교사.

박희진(2017). 회복적 생활교육이 학교 공동체 의식에 미치는 효과분석. 단국대학교 경영대학원 석사학위논문.

배영순, 이은지. (2016). 희망이슈 4호 30~40대 당신, 안녕한가요?. 서울: 희망제작소

서울대학교 교육연구소. (1995). 교육학용어사전. 서울: 서울대학교 교육연구소.

서정기. (2011). 학교폭력에 따른 갈등경험과 해결과정에 대한 질적 사례연구(회복적 정의에 입각한 피해자–가해자 대화모임을 중심으로). 연세대학교 대학원 박사학위논문.

신정식, 이윤호. (2018). 스트레스 받는 당신을 위한 자기 돌봄. 서울: 한국재가노인복지협회.

안소연. (2023). 그리움이 되어버렸습니다. POD도서.

언론중재위원회. (2013). 제1주제 조정을 위한 첫걸음–갈등분석. 언론중재위원회.

오제은. (2009). 오제은 교수의 자기 사랑 노트. 서울: 샨티.

이용환. (2007). 21세기 사랑의 충전소 '공동체'를 살리자. 서울: 한반도선진화재단.

이월용. (2018). 회복적 생활교육 프로그램이 초등학생의 학교 적응력에 미치는 영향. 인하대학교 교육대학원 석사학위논문.

이재영(2020). 회복적 정의, 세상을 치유하다. 경기도: 피스빌딩.

이종수, 유영권, 김구, 최봉익, 곽현근, 이제선, 박철수, 최병두, 이명규, 소갑수, 정명은. (2008). 한국사회와 공동체. 경기도: 다산출판사.

이창언, 오수길, 유문종, 신윤관. (2014). 갈등을 넘어 협력 사회로. 서울: 살림터.

이철수. (2013). 사회복지학 사전. 경기도: 혜민북스.

장성익. (2015). 내 이름은 공동체입니다. 서울: 풀빛.

정일화. (2009). 학교공동체의 공동사회·이익사회 지향성과 조직헌신도의 관계. 한국교원교육학회.

정주진. (2016). 갈등은 기회다(일상의 갈등해결 솔루션). 강원도: 개마고원.

정진. (2016). 회복적 학급원영에 관한 교사 플래너 회복적 생활교육 학급운영 가이드북. 경기도: 피스빌딩.

정현종. (2008). 광휘의 속삭임. 서울: 문학과 지성사.

정호승. (2014). 내가 사랑하는 사람. 경기도: 열림원.

조동화. (2013). 나 하나 꽃 피어. 전라북도: 초록숲.

조성민. (2017). 초등학교 통일교육에서 갈등전환 방안 모색 : 회복적 생활교육을 중심으로. 서울교육대학교 교육전문대학원 석사 학위논문.

차재혁 글, 최은영 그림. (2020). 색깔의 비밀. 경기도: 논장.

채인선, 김은정. (2005년). 아름다운 가치사전 1. 서울: 한울림어린이.

최중진(2013). 학교폭력의 해결과 예방을 위한패러다임의 전환. 회복적, 생태체계적, 그리고 성장지향적 개념틀을 중심으로. 교정담론, 7(2), p.129-164.

최창욱, 김정주, 조영희, 한국청소년개발원. (2005). 청소년 갈등해결프로그램 개발 및 효과연구. 서울: 한국청소년개발원.

평화를만드는여성회. (2001). 갈등해결 전문가 훈련 프로그램 갈등해결배우기: 이론, 방법, 적용. 서울: 평화를만드는여성회.

하승우, 김상준. (2013). 행복과 21세기 공동체. 경기도: 아카넷.

허두영. (2018). 요즘 것들(4차 산업혁명을 이끌 위대한 별종과 공존하는 기술). 서울: 사이다.

황정용(2019). 전문기관 중심 청소년 선도프로그램 운영에 관한 연구 – 회복적 정의에 기반한 民·官협력을 중심으로 –. 한국경찰연구, 18(2), p.209-236.

Aksel Sandemose. (1968). En Flyktning Krysser Sitt Spor. Oslo, Norway: Gyldendal Norsk.

Ann Linnea, Christina Baldwin. (2017). 서클의 힘. 서울: 초록비책공방.

Baldwin, Christin(2017). 서클의 힘. 서울: 초록비책공방.

Boyes-Watson, Carolyn(2018). 서클로 나아가기. 충청남도: 대장간.

Boyes-Watson, Carolyn(2020). 서클로 여는 희망. 충청남도: 대장간.

Brene Brown. (2012). 나는 왜 내 편이 아닌가. 경기도: 북하이브.

Carolyn Boyes-Watson, Kay Pranis. (2018). 서클로 나아가기 교육공동체를 회복하는 서클 레시피 112. 충청남도: 대장간.

Cecil Andrews. (2013). 유쾌한 혁명을 작당하는 공동체 가이드북. 서울: 한빛비즈.

Corinne McLaughlin, Gordon Davidson. (2015). 더 나은 삶을 향한 여행 공동체(대안적 생활을 고민하는 생태 공동체 만들기). 서울: 생각비행.

Daicoff (2015). Families in Circle Process: Restorative Justice in Family Law 53 Fam. Ct. Rev. 427 / Family Court Review, Vol. 53, Issue 3, p.427-438.

Elisabeth Brami. (2018). 아들 인권 선언. 에스텔 비용–스파뇰 그림/박정연 역. 경기도: 노란돼지

Harriet Lerner. (2005). 마음을 열어주는 대화법. 서울: 중심.

Howard Zehr. (2015). 회복적정의 실현을 위한 사법의 이념과 실천. 강원도: KAP.

Iwona Chmielewska. (2008). 두 사람. 이지원 역. 경기도: 사계절

Jerka Rebrovich 글, Ivana Pipal 그림. (2017). 노랑마을 파랑마을. 서울: 키즈돔 (KIZDOM).

John Bradshaw. (2008). 수치심의 치유. 서울: 한국기독교상담연구원.

John Mordechai Gottman, 존가트맨, 최성애, 조벽. (2011). 내 아이를 위한 감정코칭. 서울: 한국경제신문사.

John Paul Lederach. (2018). 갈등전환. 충청남도: 대장간.

Kay Pranis, Barry Stuart, Mark Wedge. (2016). 평화 형성 서클. 강원도: KAP.

Kay Pranis. (2012). 서클 프로세스. 강원도: KAP.

Louis Cozolino. (2017). 애착교실. 서울: 해냄.

Marshall B. Rosenberg. (2017). 비폭력대화 일상에서 쓰는 평화의 언어, 삶의 언어. 서울: 한국NVC센터.

Martha C. Nussbaum. (2015). 혐오와 수치심. 서울: 민음사.

Michael Ignatieff. (2018). 평범한 미덕의 공동체. 서울: 원더박스.

Morgan Scott Peck. (2006). 스캇 펙 박사의 평화 만들기. 서울: 열음사.

Palazzo, De & Hosea, Bob. (2004). Restorative justice in schools: a review of history and current practices. The Fourth Association for Conflict Resolution, 1, 7-8.

Parker J. Pamer. (2013). 가르칠 수 있는 용기. 이종인, 이은정 (역). 서울: 한문화

Pranis, K.(2012). The Little Book of Circle Processes: A New/Old Approach to Peace-making. PA: Good Books. 서클 프로세스: 평화를 만드는 새로운/전통적 접근방식. 강영실 (역). 춘천: KAP

Pranis, Kay(2016). (갈등을 극복하고 공동체를 세우는) 평화 형성 서클. 강원도: Korea Anabaptist Press.

Sura Hart, Victoria Kindle Hodson. (2009). 내 아이를 살리는 비폭력 대화. 서울: 아시아 코치센터.

Vogel, H. J. (2016). From Conflict to Community: The Contribution of Circle Process in Moving from Dysfunction and Polarization to Dialogue and Understanding in Direct Public Engagement in Local Government Decision-Making. Mitchell Hamline Law Review, 42(5), 6.

Wiseman, T. (1996). A concept analysis of empathy. Osney Mead, Oxford OX2 0EL: BLACKWELL SCIENTIFIC.

YTN(2010). YTN스페셜 〈청소년범죄 보고서, 나쁜 아이들〉

Zehr, H. (2005). Changing Lenses. 회복적 정의란 무엇인가?. 손진 역(2010). 춘천: KAP.